NIÑOS QUANTUM

Libros De Actividades
8 A 12 Años | Vol -1 | Fracciones

ActivityCrusades

Publicado por Speedy Publishing Canada Limited

ActivityCrusades
activity books

FRACCIONES

Escribe la fracción de la parte sombreada.

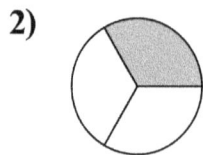

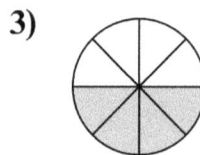

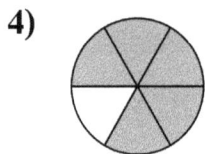

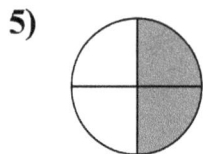

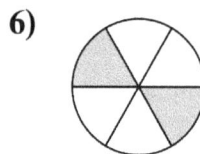

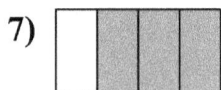

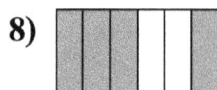

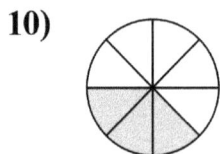

1)

2)

3)

4)

5)

6)

7)

8)

9)

10)

Ex. **2/8**

1. _____

2. _____

3. _____

4. _____

5. _____

6. _____

7. _____

8. _____

9. _____

10. _____

2

1)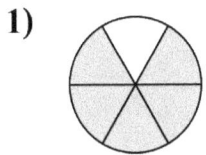

2)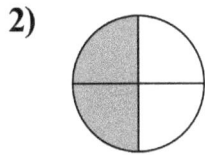

3)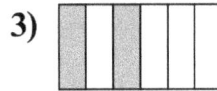

4)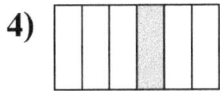

5)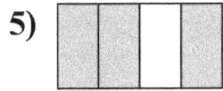

6)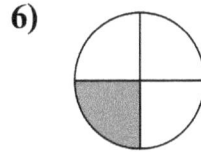

7)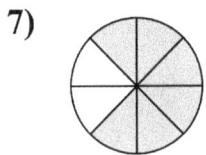

8)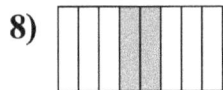

9)

10)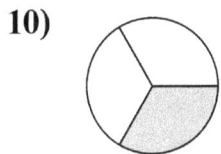

1. _____

2. _____

3. _____

4. _____

5. _____

6. _____

7. _____

8. _____

9. _____

10. _____

3

1)

2)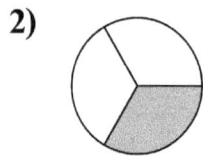

3)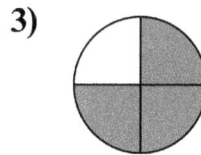

4)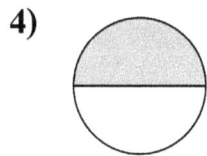

5)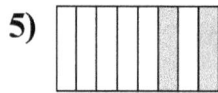

6)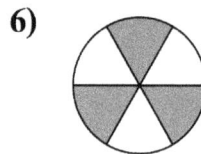

7)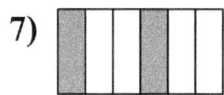

8)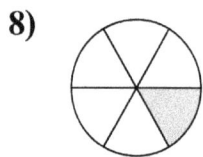

9)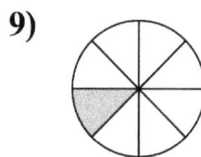

10)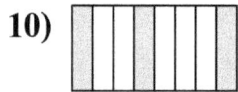

1. _____

2. _____

3. _____

4. _____

5. _____

6. _____

7. _____

8. _____

9. _____

10. _____

1)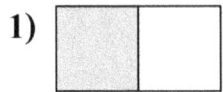

2)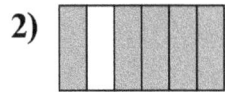

3)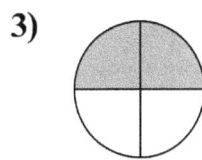

4)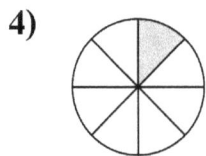

5)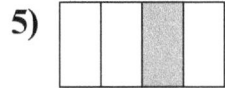

6)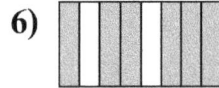

7)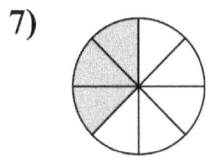

8)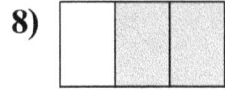

9)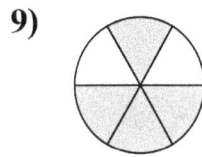

10)

1. _____

2. _____

3. _____

4. _____

5. _____

6. _____

7. _____

8. _____

9. _____

10. _____

1)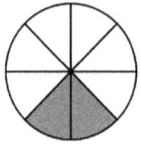

2)

3)

4)

5)

6)

7)

8)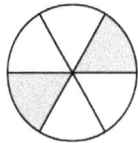

9)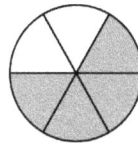

10)

1. _____

2. _____

3. _____

4. _____

5. _____

6. _____

7. _____

8. _____

9. _____

10. _____

6

1)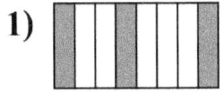

2)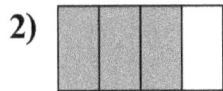

3)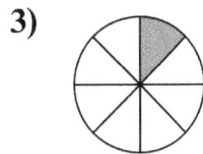

4)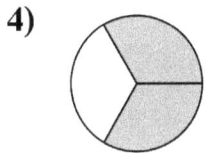

5)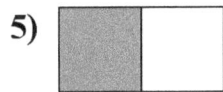

6)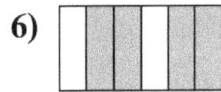

7)

8)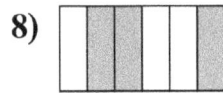

9)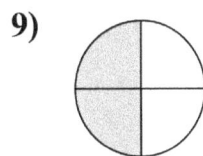

10)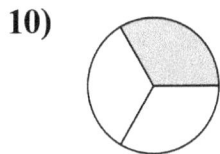

1. _____

2. _____

3. _____

4. _____

5. _____

6. _____

7. _____

8. _____

9. _____

10. _____

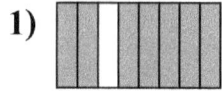

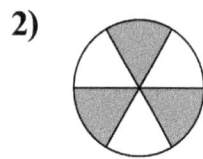

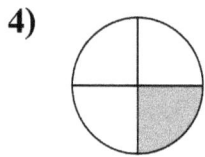

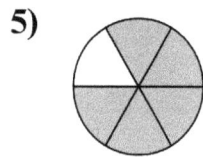

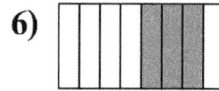

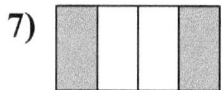

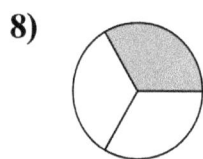

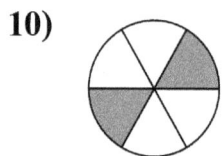

1)

2)

3)

4)

5)

6)

7)

8)

9)

10)

1. _____

2. _____

3. _____

4. _____

5. _____

6. _____

7. _____

8. _____

9. _____

10. _____

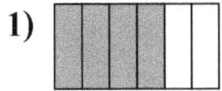

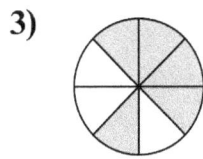

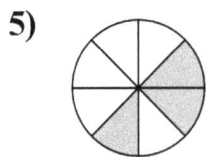

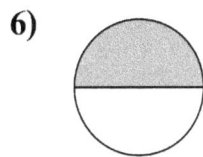

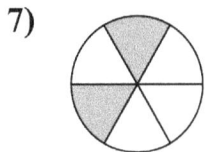

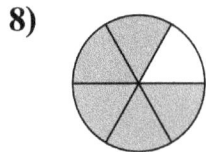

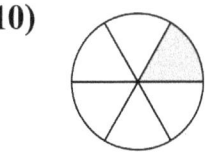

1)

2)

3)

4)

5)

6)

7)

8)

9)

10)

1. _____

2. _____

3. _____

4. _____

5. _____

6. _____

7. _____

8. _____

9. _____

10. _____

1)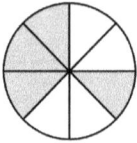

2)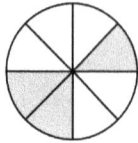

3)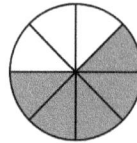

4)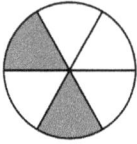

5)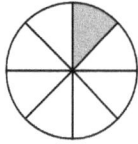

6)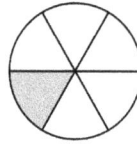

7)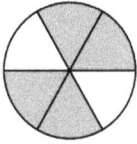

8)

9)

10)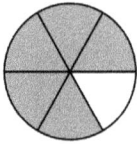

1. _____

2. _____

3. _____

4. _____

5. _____

6. _____

7. _____

8. _____

9. _____

10. _____

1)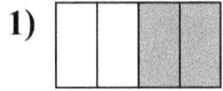

2)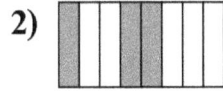

3)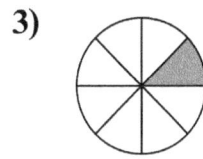

4)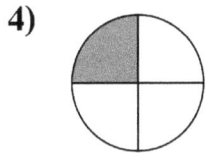

5)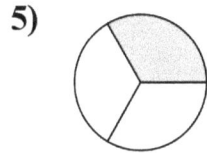

6)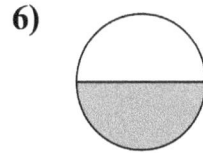

7)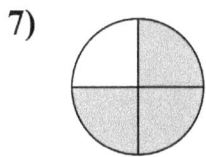

8)

9)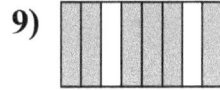

10)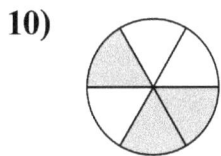

1. _____

2. _____

3. _____

4. _____

5. _____

6. _____

7. _____

8. _____

9. _____

10. _____

Determine qué opción (es) muestra la forma particionada para que cada pieza tenga el mismo área. Si no hay ninguno, escribe 'none'.

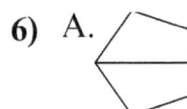

1) A. B. C. D.

2) A. B. C. D.

3) A. B. C. D.

4) A. B. C. D.

5) A. B. C. D.

6) A. B. C. D.

7) A. B. C. D.

8) A. B. C. D.

Ex.
1. ___A, B, D___
2. _____
3. _____
4. _____
5. _____
6. _____
7. _____
8. _____

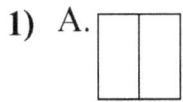

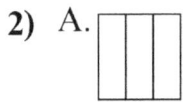

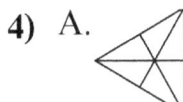

1) A. ⬜   B. ◯   C. △   D. ⬜

2) A. ⬜   B. ⬜   C. △   D. △

3) A. ⬜   B. ◁   C. ◯   D. ☆

4) A. ◁   B. ◯   C. △   D. ◯

5) A. ⬡   B. ◯   C. ✦   D. ⬡

6) A. ☆   B. ⬡   C. ⬡   D. ⬢

7) A. ◯   B. ⬡   C. ◯   D. △

8) A. ✦   B. ⬡   C. ◯   D. ⬜

1. _____
2. _____
3. _____
4. _____
5. _____
6. _____
7. _____
8. _____

1) A. 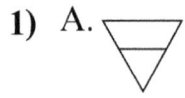 B.   C.   D.

2) A. 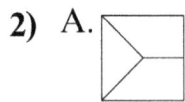 B.   C.   D.

3) A.  B.   C.   D.

4) A.  B.   C.   D.

5) A. 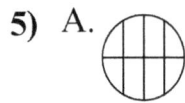 B.   C.   D.

6) A. 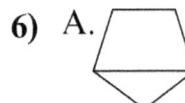 B.   C.   D.

7) A.  B.   C.   D.

8) A. 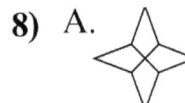 B.   C.   D.

1. _____
2. _____
3. _____
4. _____
5. _____
6. _____
7. _____
8. _____

1) A. 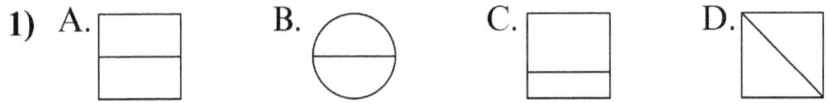 B. C. D.

1. _____

2. _____

2) A. B. C. D.

3. _____

4. _____

3) A. B. C. D.
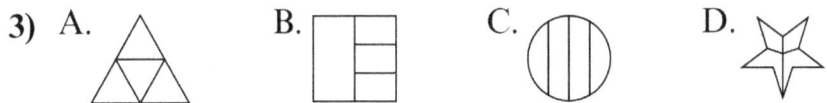

5. _____

6. _____

4) A. B. C. D.

7. _____

8. _____

5) A. B. C. D.

6) A. B. C. D.

7) A. B. C. D.

8) A. B. C. D.

1) A. 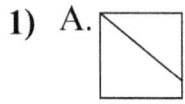 B. C. D.

2) A. 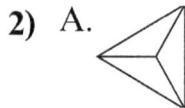 B. C. D.

3) A. 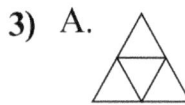 B. C. D.

4) A. 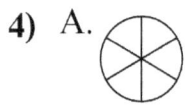 B. C. D.

5) A. 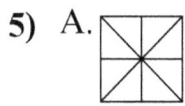 B. C. D.

6) A.  B. C. D.

7) A. 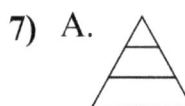 B. C. D.

8) A.  B. C. D.

1. _____

2. _____

3. _____

4. _____

5. _____

6. _____

7. _____

8. _____

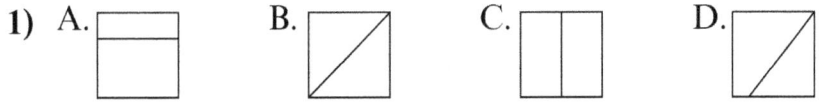

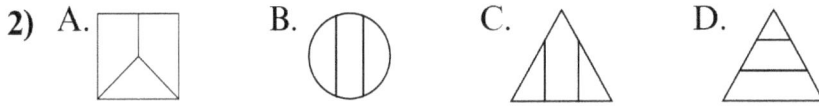

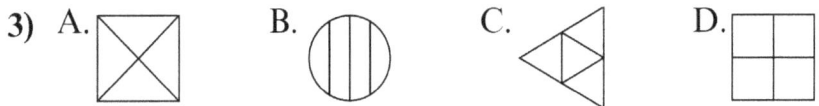

1) A. B. C. D.

2) A. B. C. D.

3) A. B. C. D.

4) A. B. C. D.

5) A. B. C. D.

6) A. B. C. D.

7) A. B. C. D.

8) A. B. C. D.

1. _____

2. _____

3. _____

4. _____

5. _____

6. _____

7. _____

8. _____

1) A. 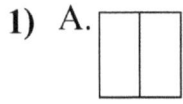   B.   C.   D.

2) A. 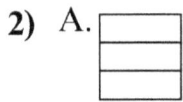   B.   C.   D.

3) A.    B.   C.   D.

4) A.    B.   C.   D.

5) A. 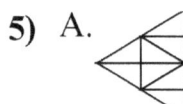   B.   C.   D.

6) A.    B.   C.   D.

7) A.    B.   C.   D.

8) A. 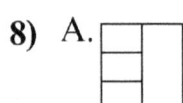   B.   C.   D.

1. _____

2. _____

3. _____

4. _____

5. _____

6. _____

7. _____

8. _____

1) A.  B. C. D.

2) A. 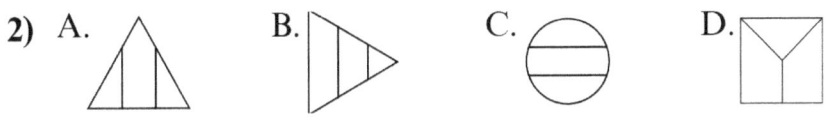 B. C. D.

3) A.  B. C. D.

4) A. 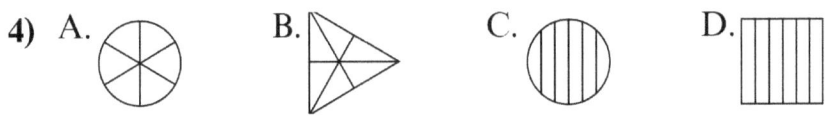 B. C. D.

5) A. 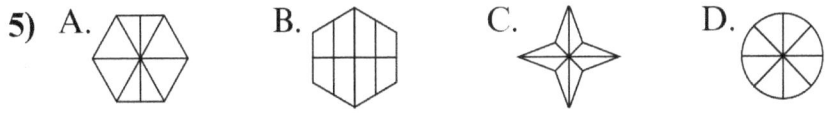 B. C. D.

6) A.  B. C. D.

7) A. 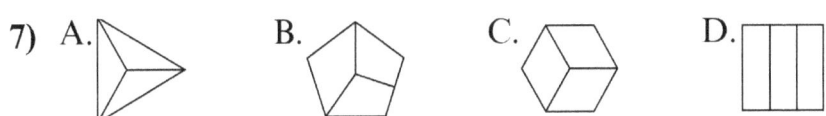 B. C. D.

8) A.  B. C. D.

1. _____

2. _____

3. _____

4. _____

5. _____

6. _____

7. _____

8. _____

1) A. 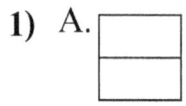   B. 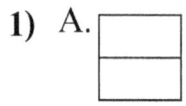   C.   D.

2) A.    B. 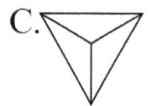   C. 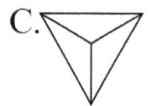   D.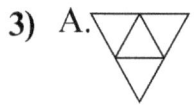

3) A. 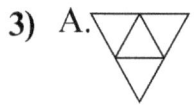   B. 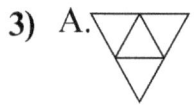   C.   D.

4) A.    B.    C.    D.

5) A.    B.    C.   D.

6) A.    B.    C.    D.

7) A.    B.    C.    D.

8) A.    B.    C.    D.

1. _____

2. _____

3. _____

4. _____

5. _____

6. _____

7. _____

8. _____

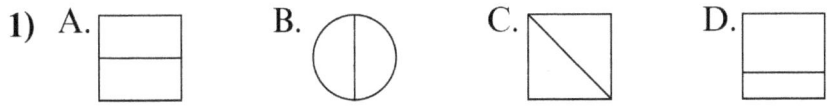

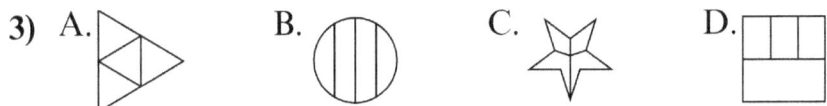

1) A. B. C. D.

2) A. B. C. D.

3) A. B. C. D.

4) A. B. C. D.

5) A. B. C. D.

6) A. B. C. D.

7) A. B. C. D.

8) A. B. C. D.

1. _____

2. _____

3. _____

4. _____

5. _____

6. _____

7. _____

8. _____

Sombra en la fracción para resolver el problema.

Ex. + =

Ex. $\dfrac{3}{7} + \dfrac{2}{7} = \dfrac{5}{7}$

1) + =

1. ___ + ___ = ___

2) + =

2. ___ + ___ = ___

3) + =

3. ___ + ___ = ___

4) + =

4. ___ + ___ = ___

5) + =

5. ___ + ___ = ___

6) + =

6. ___ + ___ = ___

7) + =

7. ___ + ___ = ___

8) + =

8. ___ + ___ = ___

9) + =

9. ___ + ___ = ___

10) + =

10. ___ + ___ = ___

1)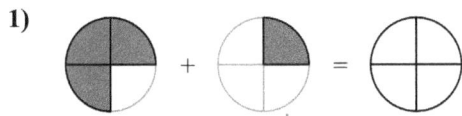

2)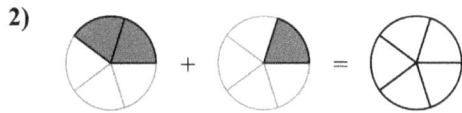

3)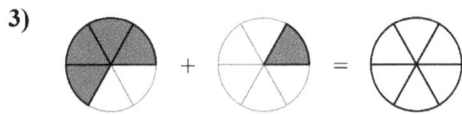

4)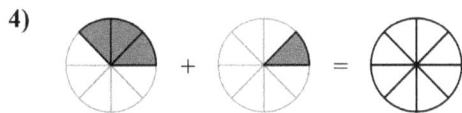

5)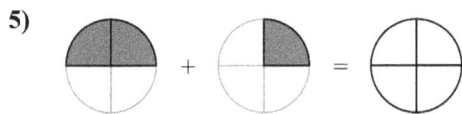

6)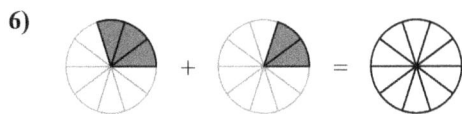

7)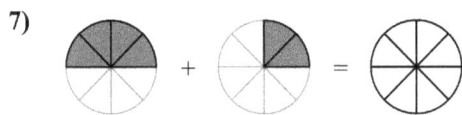

8)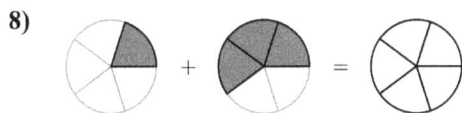

9)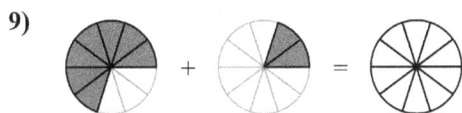

10)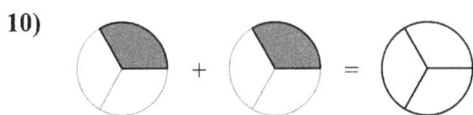

1. ___ + ___ = ___

2. ___ + ___ = ___

3. ___ + ___ = ___

4. ___ + ___ = ___

5. ___ + ___ = ___

6. ___ + ___ = ___

7. ___ + ___ = ___

8. ___ + ___ = ___

9. ___ + ___ = ___

10. ___ + ___ = ___

1)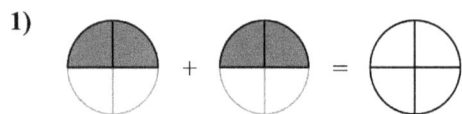

2)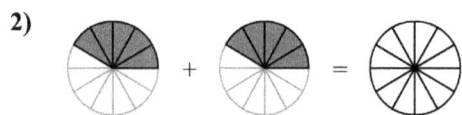

3)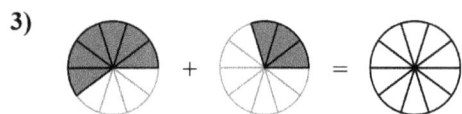

4)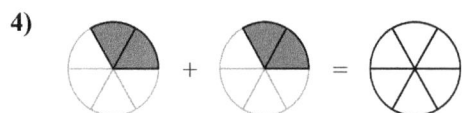

5)

6)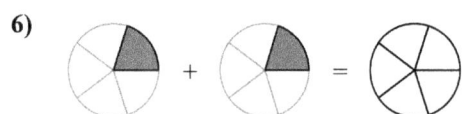

7)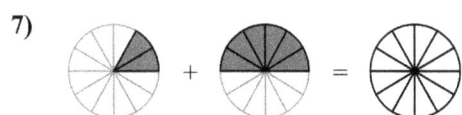

8)

9)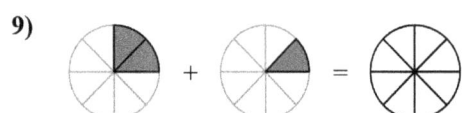

10)

1. ____ + ____ = ____

2. ____ + ____ = ____

3. ____ + ____ = ____

4. ____ + ____ = ____

5. ____ + ____ = ____

6. ____ + ____ = ____

7. ____ + ____ = ____

8. ____ + ____ = ____

9. ____ + ____ = ____

10. ____ + ____ = ____

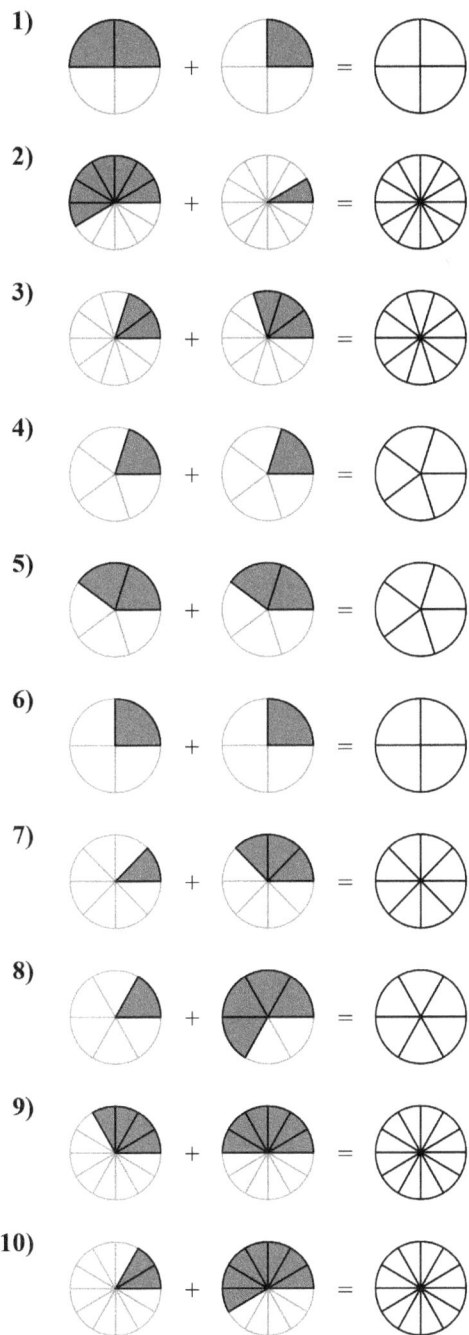

1)

2)

3)

4)

5)

6)

7)

8)

9)

10)

1. ___ + ___ = ___

2. ___ + ___ = ___

3. ___ + ___ = ___

4. ___ + ___ = ___

5. ___ + ___ = ___

6. ___ + ___ = ___

7. ___ + ___ = ___

8. ___ + ___ = ___

9. ___ + ___ = ___

10. ___ + ___ = ___

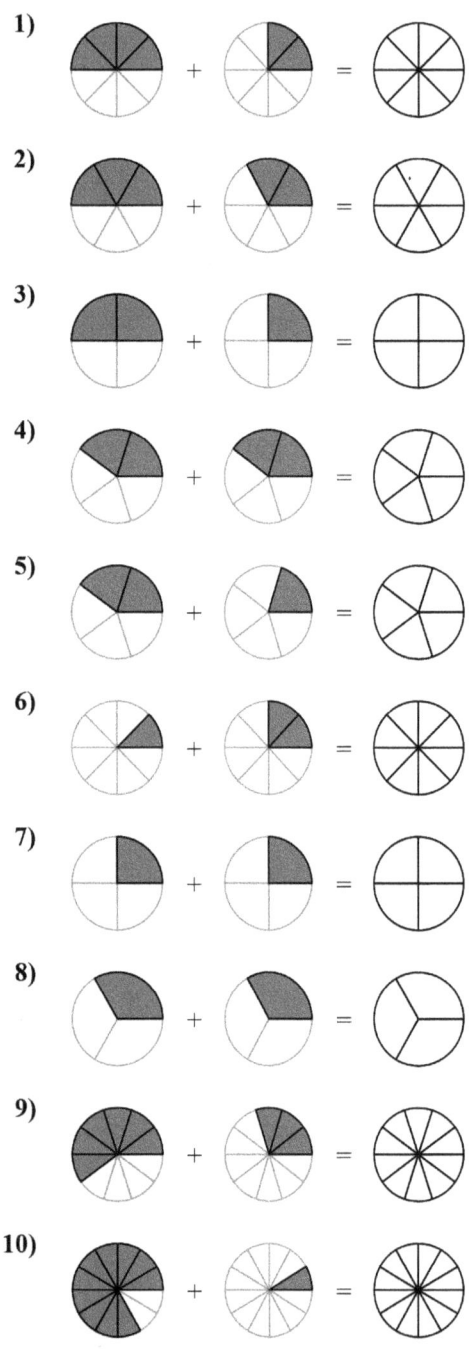

1)

2)

3)

4)

5)

6)

7)

8)

9)

10)

1. ____ + ____ = ____

2. ____ + ____ = ____

3. ____ + ____ = ____

4. ____ + ____ = ____

5. ____ + ____ = ____

6. ____ + ____ = ____

7. ____ + ____ = ____

8. ____ + ____ = ____

9. ____ + ____ = ____

10. ____ + ____ = ____

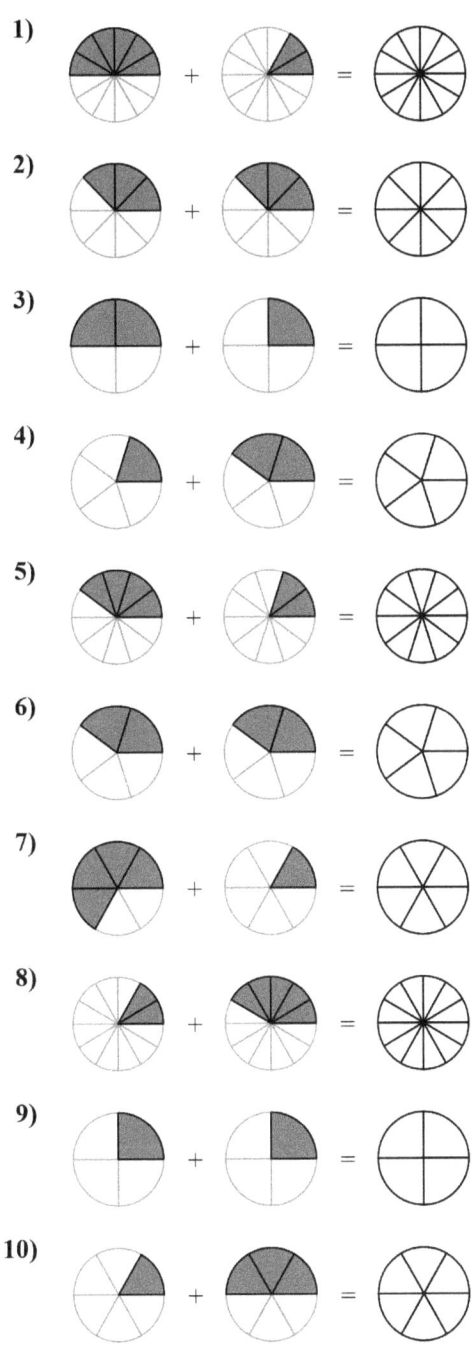

1)

2)

3)

4)

5)

6)

7)

8)

9)

10)

1. ___ + ___ = ___

2. ___ + ___ = ___

3. ___ + ___ = ___

4. ___ + ___ = ___

5. ___ + ___ = ___

6. ___ + ___ = ___

7. ___ + ___ = ___

8. ___ + ___ = ___

9. ___ + ___ = ___

10. ___ + ___ = ___

1)

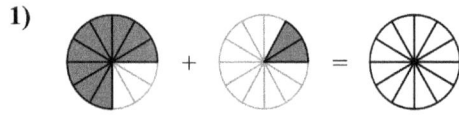

2)

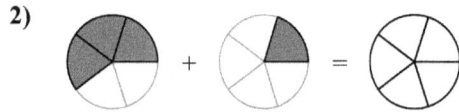

3)

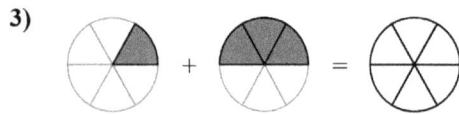

4)

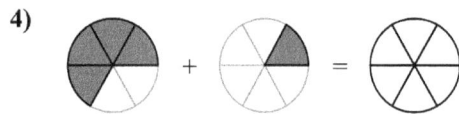

5)

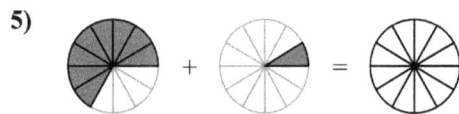

6)

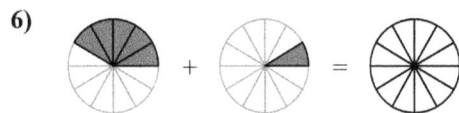

7)

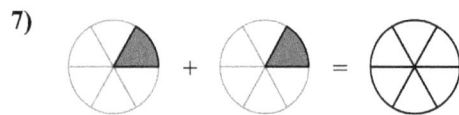

8)

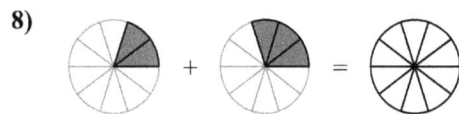

9)

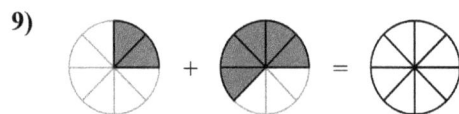

10)

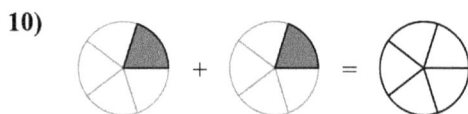

1. ___ + ___ = ___

2. ___ + ___ = ___

3. ___ + ___ = ___

4. ___ + ___ = ___

5. ___ + ___ = ___

6. ___ + ___ = ___

7. ___ + ___ = ___

8. ___ + ___ = ___

9. ___ + ___ = ___

10. ___ + ___ = ___

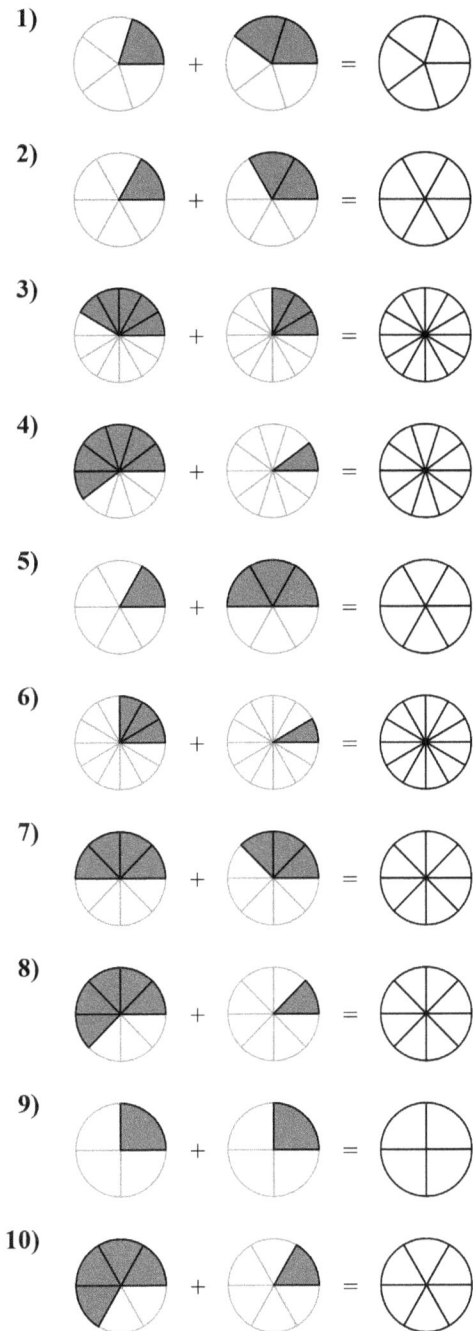

1)

2)

3)

4)

5)

6)

7)

8)

9)

10)

1. ___ + ___ = ___

2. ___ + ___ = ___

3. ___ + ___ = ___

4. ___ + ___ = ___

5. ___ + ___ = ___

6. ___ + ___ = ___

7. ___ + ___ = ___

8. ___ + ___ = ___

9. ___ + ___ = ___

10. ___ + ___ = ___

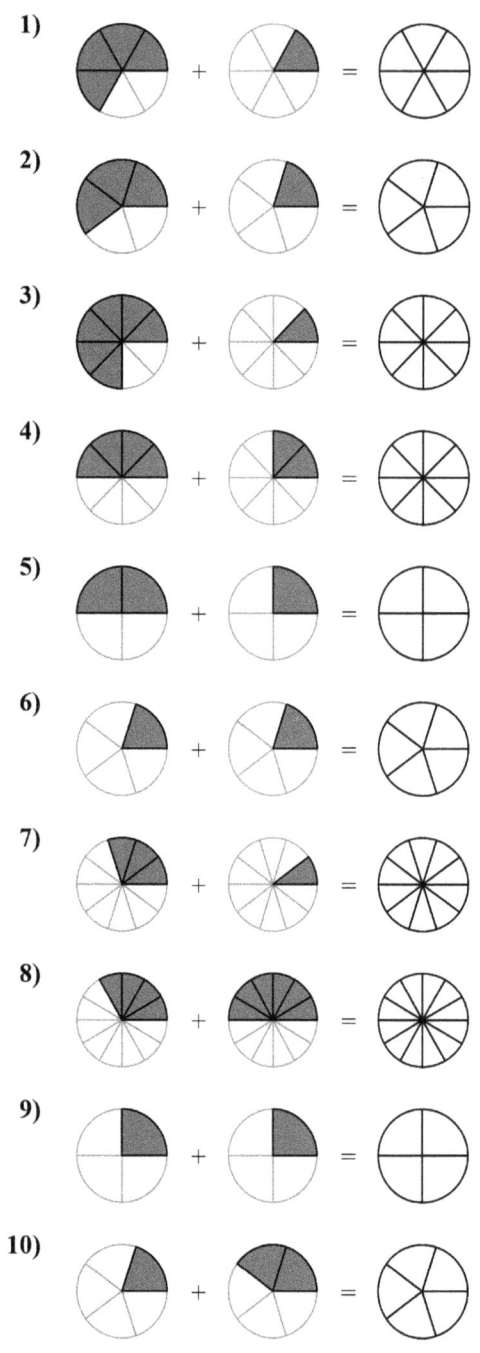

1)

2)

3)

4)

5)

6)

7)

8)

9)

10)

1. _____ + _____ = _____

2. _____ + _____ = _____

3. _____ + _____ = _____

4. _____ + _____ = _____

5. _____ + _____ = _____

6. _____ + _____ = _____

7. _____ + _____ = _____

8. _____ + _____ = _____

9. _____ + _____ = _____

10. _____ + _____ = _____

1)

2)

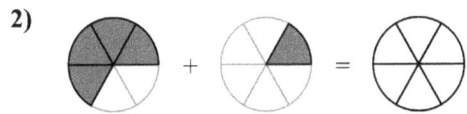

3)

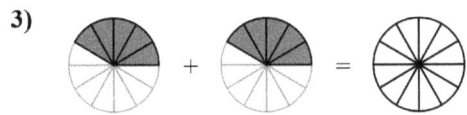

4)

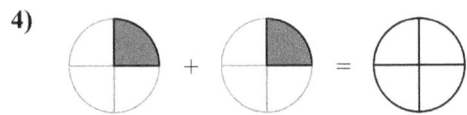

5)

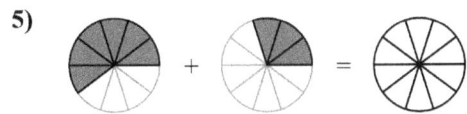

6)

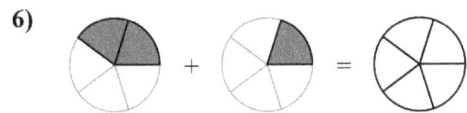

7)

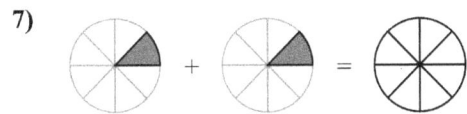

8)

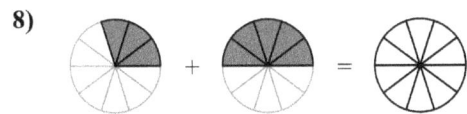

9)

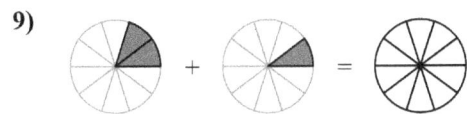

10)

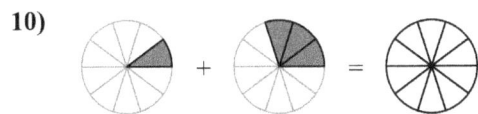

1. ___ + ___ = ___

2. ___ + ___ = ___

3. ___ + ___ = ___

4. ___ + ___ = ___

5. ___ + ___ = ___

6. ___ + ___ = ___

7. ___ + ___ = ___

8. ___ + ___ = ___

9. ___ + ___ = ___

10. ___ + ___ = ___

Ex.

1) $\frac{1}{2} \times 7 =$

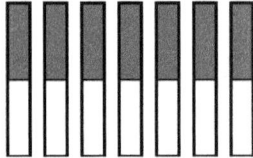

2) $\frac{1}{5} \times 2 =$

3) $\frac{1}{3} \times 5 =$

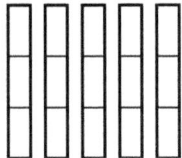

4) $\frac{1}{2} \times 5 =$

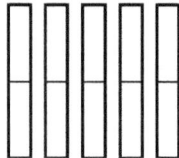

5) $\frac{3}{4} \times 4 =$

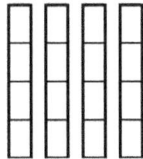

6) $\frac{3}{8} \times 7 =$

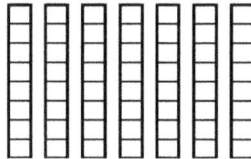

7) $\frac{2}{6} \times 3 =$

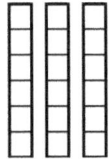

8) $\frac{1}{2} \times 5 =$

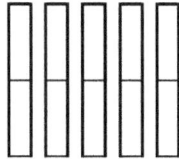

9) $\frac{1}{2} \times 5 =$

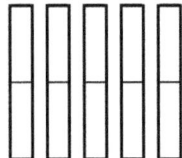

10) $\frac{3}{5} \times 5 =$

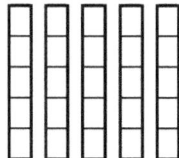

Ex. $\dfrac{7}{2}$

1. _____

2. _____

3. _____

4. _____

5. _____

6. _____

7. _____

8. _____

9. _____

10. _____

1) $\frac{1}{4} \times 9 =$

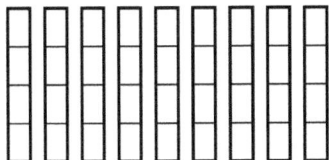

2) $\frac{1}{4} \times 7 =$

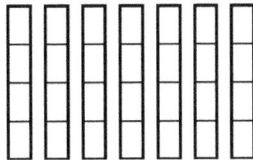

3) $\frac{3}{5} \times 6 =$

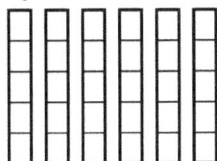

4) $\frac{9}{10} \times 2 =$

5) $\frac{1}{5} \times 4 =$

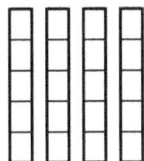

6) $\frac{3}{5} \times 8 =$

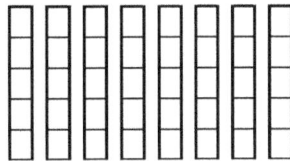

7) $\frac{1}{2} \times 8 =$

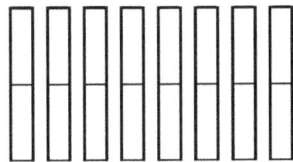

8) $\frac{2}{4} \times 4 =$

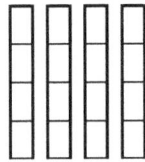

9) $\frac{2}{4} \times 2 =$

10) $\frac{6}{8} \times 2 =$

1. _____

2. _____

3. _____

4. _____

5. _____

6. _____

7. _____

8. _____

9. _____

10. _____

1) $\frac{9}{10} \times 6 =$

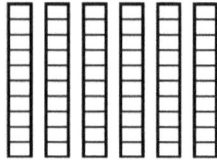

2) $\frac{7}{8} \times 7 =$

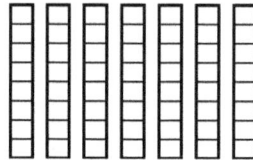

3) $\frac{2}{3} \times 4 =$

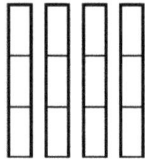

4) $\frac{5}{6} \times 5 =$

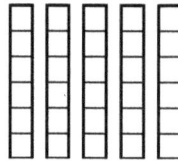

5) $\frac{2}{3} \times 5 =$

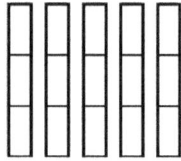

6) $\frac{1}{8} \times 5 =$

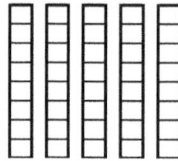

7) $\frac{9}{10} \times 8 =$

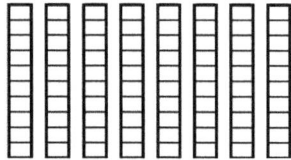

8) $\frac{2}{8} \times 9 =$

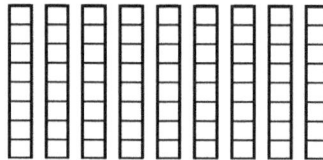

9) $\frac{3}{5} \times 4 =$

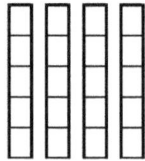

10) $\frac{2}{4} \times 7 =$

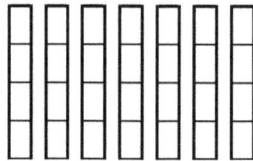

1. _____
2. _____
3. _____
4. _____
5. _____
6. _____
7. _____
8. _____
9. _____
10. _____

1) $\frac{2}{3} \times 9 =$

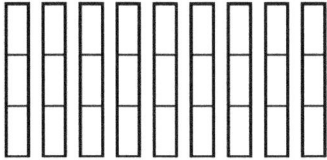

2) $\frac{7}{10} \times 7 =$

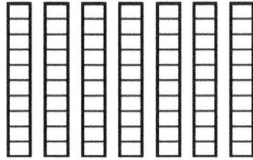

3) $\frac{6}{10} \times 2 =$

4) $\frac{2}{3} \times 7 =$

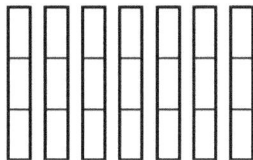

5) $\frac{1}{3} \times 5 =$

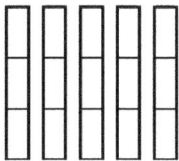

6) $\frac{2}{8} \times 7 =$

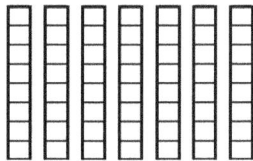

7) $\frac{2}{5} \times 9 =$

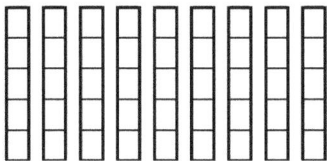

8) $\frac{1}{3} \times 3 =$

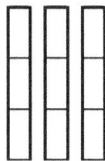

9) $\frac{1}{2} \times 5 =$

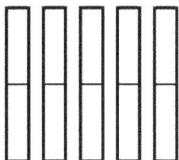

10) $\frac{3}{4} \times 9 =$

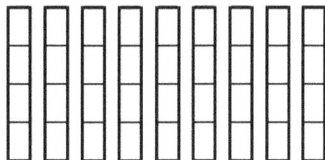

1. _____
2. _____
3. _____
4. _____
5. _____
6. _____
7. _____
8. _____
9. _____
10. _____

1) $\frac{1}{4} \times 7 =$

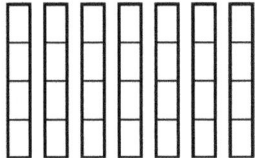

2) $\frac{6}{8} \times 9 =$

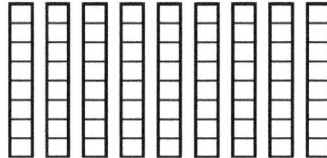

3) $\frac{7}{8} \times 3 =$

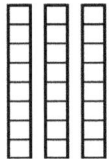

4) $\frac{2}{6} \times 9 =$

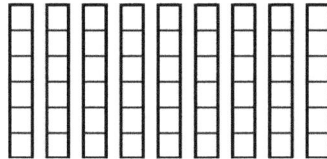

5) $\frac{1}{2} \times 9 =$

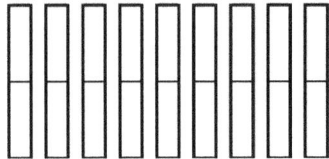

6) $\frac{1}{3} \times 6 =$

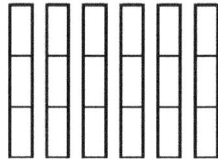

7) $\frac{1}{8} \times 3 =$

8) $\frac{2}{5} \times 5 =$

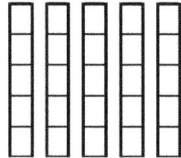

9) $\frac{5}{6} \times 4 =$

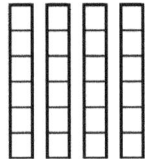

10) $\frac{1}{2} \times 6 =$

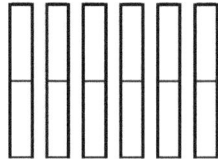

1. _____
2. _____
3. _____
4. _____
5. _____
6. _____
7. _____
8. _____
9. _____
10. _____

1) $\frac{5}{6} \times 5 =$

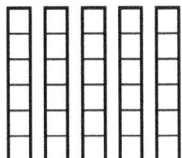

2) $\frac{2}{6} \times 8 =$

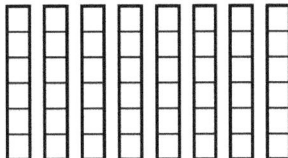

3) $\frac{5}{6} \times 5 =$

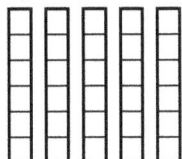

4) $\frac{1}{2} \times 6 =$

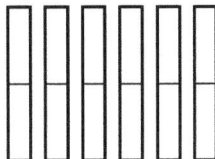

5) $\frac{2}{6} \times 9 =$

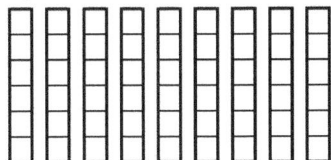

6) $\frac{2}{3} \times 3 =$

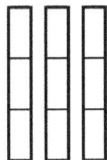

7) $\frac{2}{3} \times 5 =$

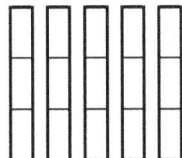

8) $\frac{3}{4} \times 3 =$

9) $\frac{5}{10} \times 3 =$

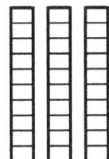

10) $\frac{3}{6} \times 8 =$

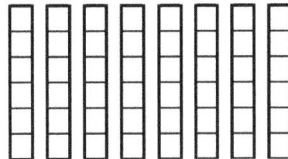

1. _____
2. _____
3. _____
4. _____
5. _____
6. _____
7. _____
8. _____
9. _____
10. _____

1) $\frac{1}{2} \times 4 =$

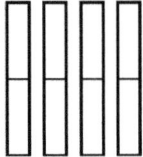

2) $\frac{1}{5} \times 8 =$

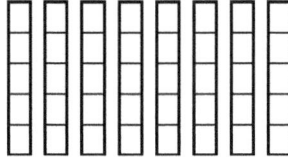

3) $\frac{7}{8} \times 8 =$

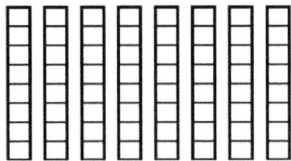

4) $\frac{6}{10} \times 5 =$

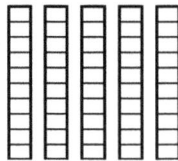

5) $\frac{2}{3} \times 3 =$

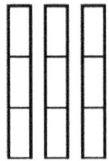

6) $\frac{6}{8} \times 5 =$

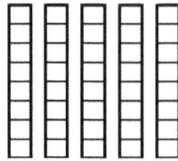

7) $\frac{5}{8} \times 4 =$

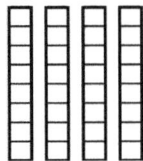

8) $\frac{1}{3} \times 8 =$

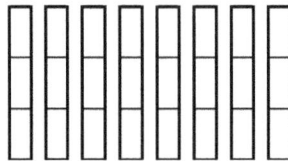

9) $\frac{3}{8} \times 8 =$

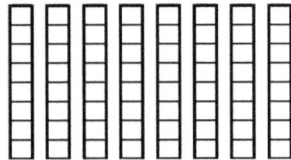

10) $\frac{6}{8} \times 7 =$

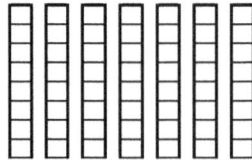

1. _____
2. _____
3. _____
4. _____
5. _____
6. _____
7. _____
8. _____
9. _____
10. _____

1) $\frac{1}{10} \times 9 =$

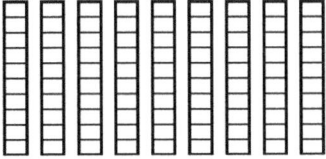

2) $\frac{3}{10} \times 6 =$

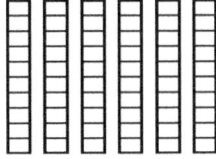

3) $\frac{3}{5} \times 4 =$

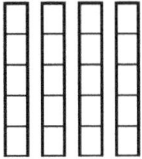

4) $\frac{4}{6} \times 8 =$

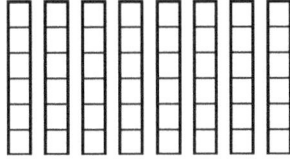

5) $\frac{3}{4} \times 9 =$

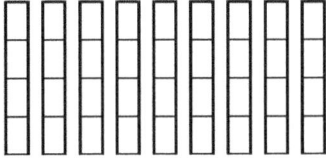

6) $\frac{3}{5} \times 3 =$

7) $\frac{1}{3} \times 7 =$

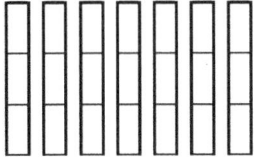

8) $\frac{3}{10} \times 3 =$

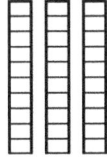

9) $\frac{3}{6} \times 8 =$

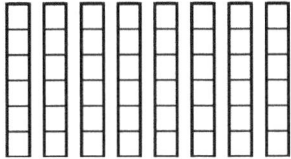

10) $\frac{1}{2} \times 5 =$

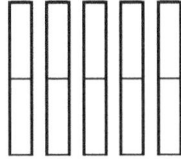

1. _____

2. _____

3. _____

4. _____

5. _____

6. _____

7. _____

8. _____

9. _____

10. _____

1) $\frac{4}{6} \times 9 =$

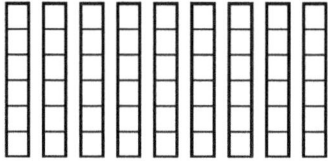

2) $\frac{2}{10} \times 2 =$

3) $\frac{4}{8} \times 4 =$

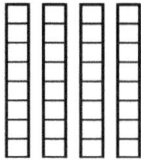

4) $\frac{4}{8} \times 4 =$

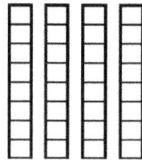

5) $\frac{1}{2} \times 7 =$

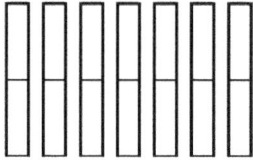

6) $\frac{1}{2} \times 2 =$

7) $\frac{2}{4} \times 6 =$

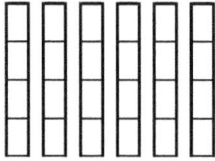

8) $\frac{2}{3} \times 8 =$

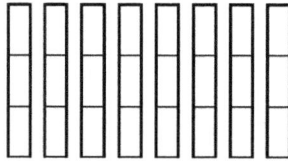

9) $\frac{2}{4} \times 8 =$

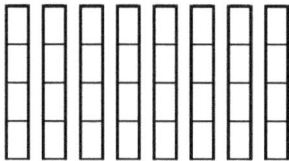

10) $\frac{4}{6} \times 6 =$

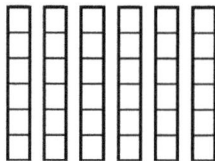

1. _____

2. _____

3. _____

4. _____

5. _____

6. _____

7. _____

8. _____

9. _____

10. _____

1) $\frac{1}{5} \times 3 =$

2) $\frac{2}{8} \times 9 =$

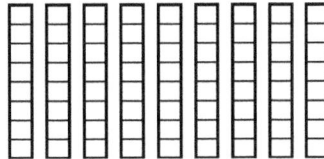

3) $\frac{3}{4} \times 4 =$

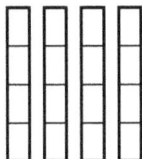

4) $\frac{2}{4} \times 3 =$

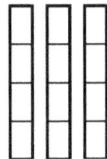

5) $\frac{2}{3} \times 3 =$

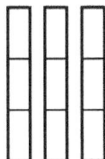

6) $\frac{1}{2} \times 3 =$

7) $\frac{1}{6} \times 7 =$

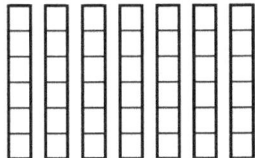

8) $\frac{3}{4} \times 6 =$

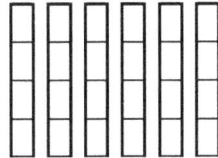

9) $\frac{3}{8} \times 3 =$

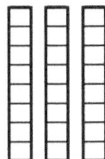

10) $\frac{5}{8} \times 5 =$

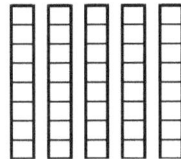

1. _____

2. _____

3. _____

4. _____

5. _____

6. _____

7. _____

8. _____

9. _____

10. _____

Determine qué fracción va en el medio para que la comparación sea cierta. Elija la respuesta a continuación.

1) $\frac{1}{6}$ < ? < $\frac{2}{3}$

$\frac{3}{4}$ $\frac{4}{8}$

$\frac{1}{8}$ $\frac{7}{8}$

2) $\frac{1}{6}$ < ? < $\frac{2}{4}$

$\frac{6}{8}$ $\frac{2}{8}$

$\frac{1}{8}$ $\frac{5}{8}$

3) $\frac{1}{3}$ < ? < $\frac{5}{8}$

$\frac{7}{8}$ $\frac{5}{6}$

$\frac{3}{8}$ $\frac{1}{6}$

4) $\frac{1}{4}$ < ? < $\frac{3}{4}$

$\frac{1}{8}$ $\frac{5}{6}$

$\frac{3}{6}$ $\frac{1}{6}$

5) $\frac{2}{8}$ < ? < $\frac{3}{8}$

$\frac{1}{8}$ $\frac{1}{3}$

$\frac{5}{8}$ $\frac{2}{3}$

6) $\frac{4}{6}$ < ? < $\frac{5}{6}$

$\frac{1}{6}$ $\frac{2}{8}$

$\frac{1}{2}$ $\frac{6}{8}$

7) $\frac{1}{4}$ < ? < $\frac{4}{8}$

$\frac{1}{6}$ $\frac{1}{8}$

$\frac{3}{4}$ $\frac{2}{6}$

8) $\frac{1}{6}$ < ? < $\frac{3}{8}$

$\frac{2}{3}$ $\frac{4}{8}$

$\frac{1}{4}$ $\frac{6}{8}$

9) $\frac{2}{6}$ < ? < $\frac{3}{6}$

$\frac{3}{4}$ $\frac{1}{6}$ $\frac{3}{8}$ $\frac{1}{8}$

10) $\frac{1}{4}$ < ? < $\frac{3}{8}$

$\frac{2}{3}$ $\frac{6}{8}$ $\frac{1}{3}$ $\frac{1}{2}$

Ex.

$\frac{4}{8}$

1. _____

2. _____

3. _____

4. _____

5. _____

6. _____

7. _____

8. _____

9. _____

10. _____

42

1) $\frac{1}{8}$ $<$? $<$ $\frac{2}{8}$

$\frac{2}{3}$ $\frac{5}{6}$

$\frac{6}{8}$ $\frac{1}{6}$

2) $\frac{4}{6}$ $<$? $<$ $\frac{5}{6}$

$\frac{1}{3}$ $\frac{1}{6}$

$\frac{2}{8}$ $\frac{6}{8}$

3) $\frac{1}{3}$ $<$? $<$ $\frac{5}{8}$

$\frac{2}{3}$ $\frac{2}{8}$

$\frac{3}{4}$ $\frac{3}{6}$

4) $\frac{4}{8}$ $<$? $<$ $\frac{2}{3}$

$\frac{1}{6}$ $\frac{5}{8}$

$\frac{6}{8}$ $\frac{1}{8}$

5) $\frac{3}{6}$ $<$? $<$ $\frac{2}{3}$

$\frac{5}{6}$ $\frac{3}{8}$

$\frac{2}{6}$ $\frac{5}{8}$

6) $\frac{2}{8}$ $<$? $<$ $\frac{3}{8}$

$\frac{1}{3}$ $\frac{3}{4}$

$\frac{1}{2}$ $\frac{1}{6}$

7) $\frac{5}{8}$ $<$? $<$ $\frac{6}{8}$

$\frac{2}{8}$ $\frac{2}{3}$

$\frac{7}{8}$ $\frac{5}{6}$

8) $\frac{4}{8}$ $<$? $<$ $\frac{4}{6}$

$\frac{3}{8}$ $\frac{2}{6}$

$\frac{5}{6}$ $\frac{5}{8}$

9) $\frac{1}{3}$ $\frac{5}{8}$

$<$? $<$

$\frac{3}{6}$ $\frac{1}{8}$ $\frac{1}{4}$ $\frac{4}{6}$

10) $\frac{2}{6}$ $\frac{2}{4}$

$<$? $<$

$\frac{3}{8}$ $\frac{5}{8}$ $\frac{3}{4}$ $\frac{2}{3}$

1. _____

2. _____

3. _____

4. _____

5. _____

6. _____

7. _____

8. _____

9. _____

10. _____

1)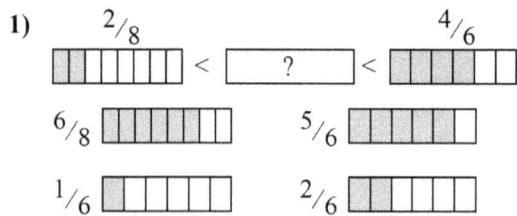

2)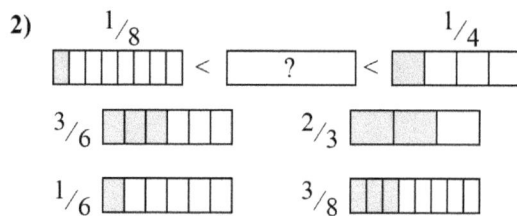

3)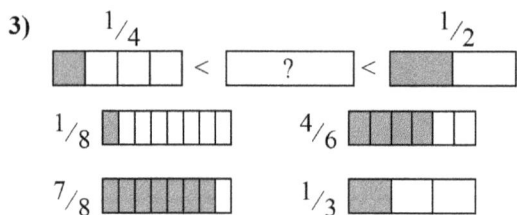

4)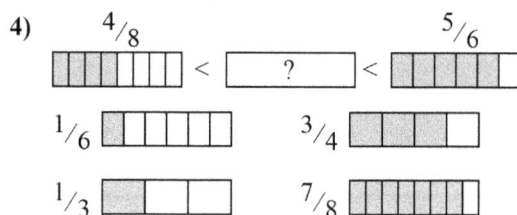

5)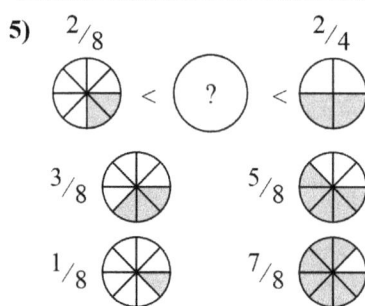

6)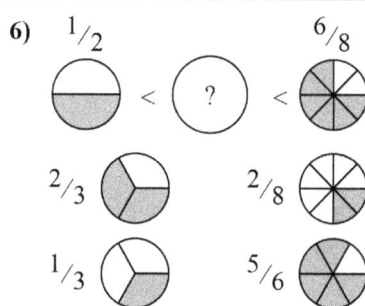

7)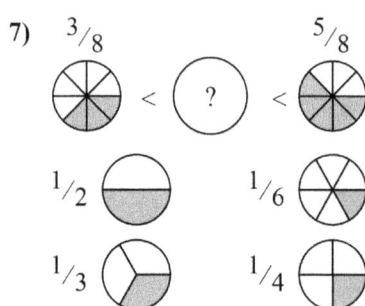

8)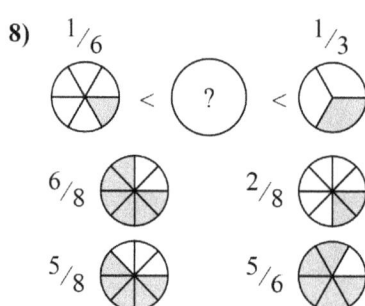

9)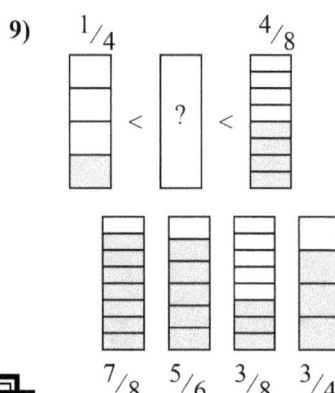

10)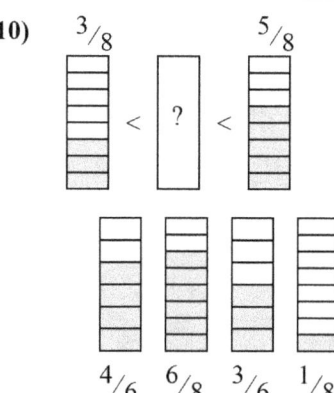

1. _____

2. _____

3. _____

4. _____

5. _____

6. _____

7. _____

8. _____

9. _____

10. _____

1)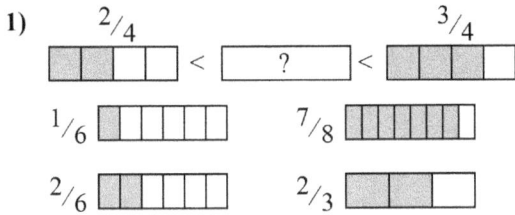

2)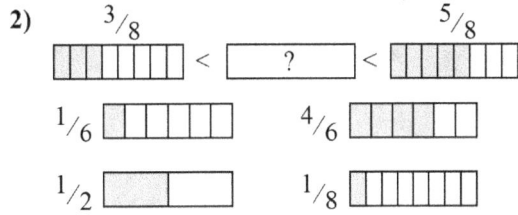

1. _____

2. _____

3. _____

3)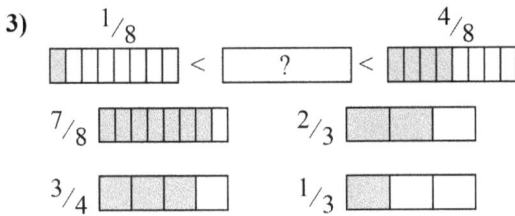

4)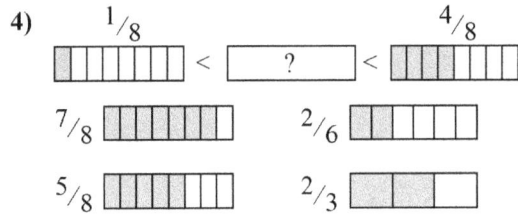

4. _____

5. _____

6. _____

5)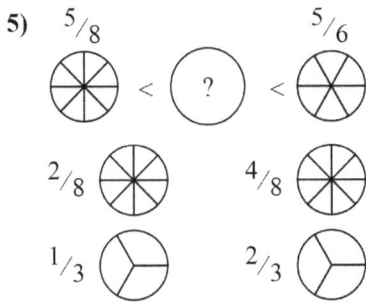

6)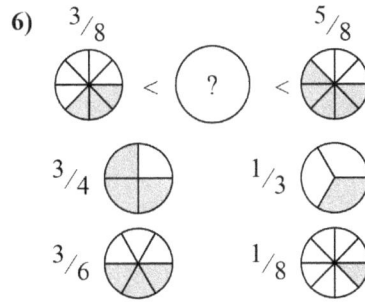

7. _____

8. _____

9. _____

10. _____

7)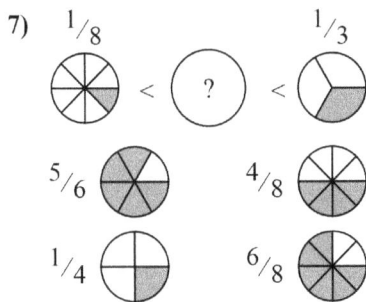

8)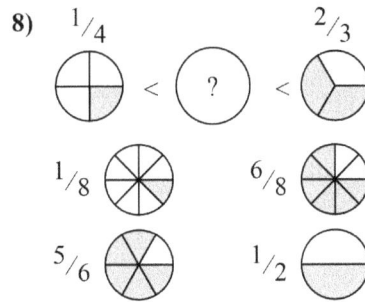

9)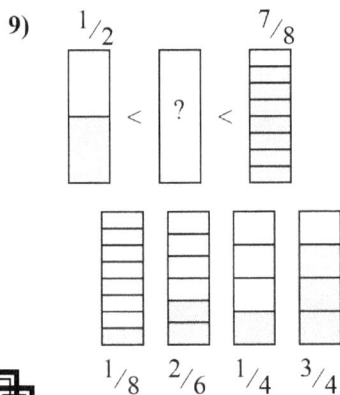

10)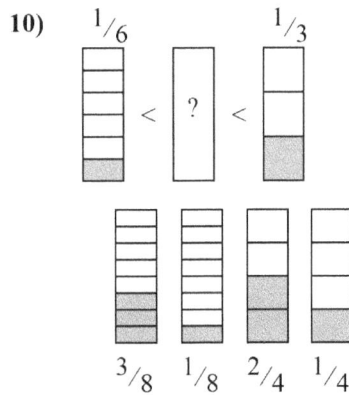

1)

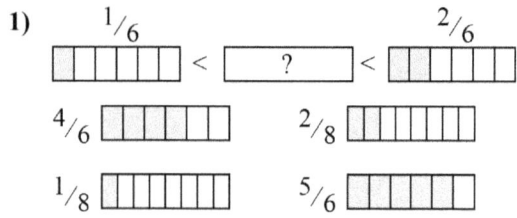

2)

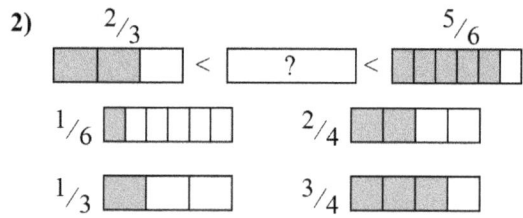

1. _____

2. _____

3. _____

3)

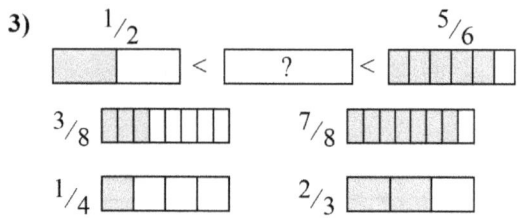

4)

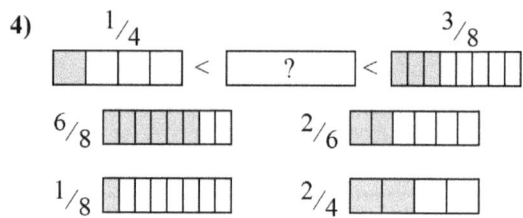

4. _____

5. _____

6. _____

5)

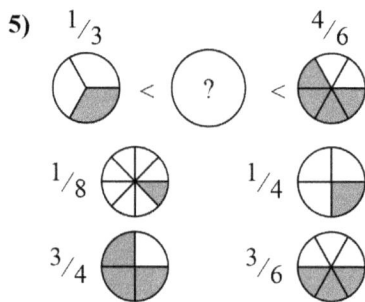

6)

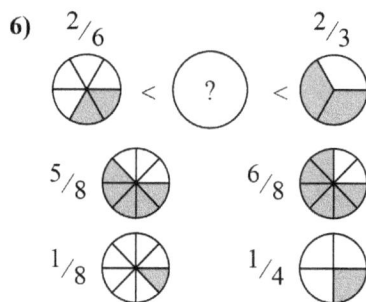

7. _____

8. _____

9. _____

10. _____

7)

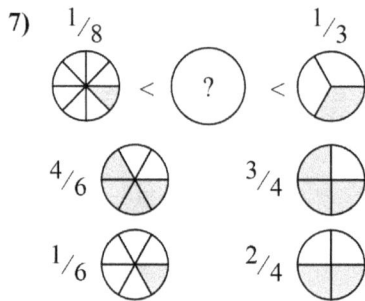

8)

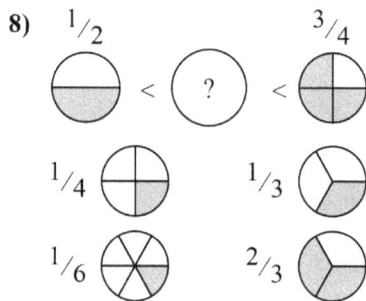

9)

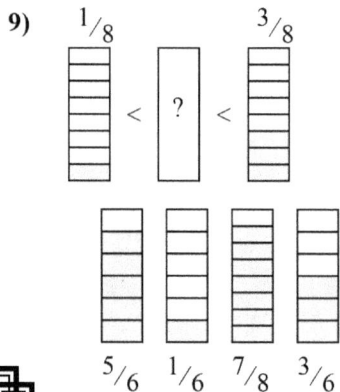

10)

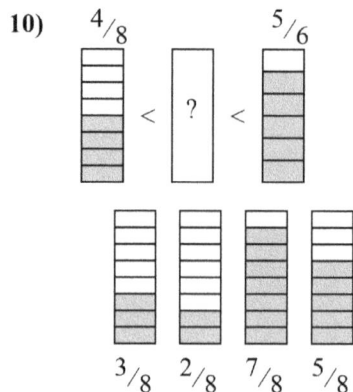

1) $\frac{3}{8}$ [ ] < [?] < $\frac{2}{3}$ [ ]

$\frac{2}{4}$ [ ] $\frac{3}{4}$ [ ]

$\frac{5}{6}$ [ ] $\frac{1}{8}$ [ ]

2) $\frac{2}{6}$ [ ] < [?] < $\frac{4}{6}$ [ ]

$\frac{3}{4}$ [ ] $\frac{7}{8}$ [ ]

$\frac{5}{8}$ [ ] $\frac{1}{8}$ [ ]

3) $\frac{1}{6}$ [ ] < [?] < $\frac{1}{3}$ [ ]

$\frac{2}{3}$ [ ] $\frac{2}{8}$ [ ]

$\frac{1}{8}$ [ ] $\frac{1}{2}$ [ ]

4) $\frac{4}{6}$ [ ] < [?] < $\frac{7}{8}$ [ ]

$\frac{5}{8}$ [ ] $\frac{1}{2}$ [ ]

$\frac{3}{4}$ [ ] $\frac{2}{8}$ [ ]

5) $\frac{2}{6}$ ( ) < (?) < $\frac{5}{8}$ ( )

$\frac{6}{8}$ ( ) $\frac{2}{8}$ ( )

$\frac{3}{8}$ ( ) $\frac{4}{6}$ ( )

6) $\frac{3}{6}$ ( ) < (?) < $\frac{6}{8}$ ( )

$\frac{7}{8}$ ( ) $\frac{1}{8}$ ( )

$\frac{2}{3}$ ( ) $\frac{1}{3}$ ( )

7) $\frac{3}{8}$ ( ) < (?) < $\frac{5}{8}$ ( )

$\frac{5}{6}$ ( ) $\frac{2}{3}$ ( )

$\frac{1}{8}$ ( ) $\frac{4}{8}$ ( )

8) $\frac{1}{3}$ ( ) < (?) < $\frac{2}{3}$ ( )

$\frac{4}{8}$ ( ) $\frac{7}{8}$ ( )

$\frac{1}{6}$ ( ) $\frac{6}{8}$ ( )

9) $\frac{1}{4}$ [ ] < [?] < $\frac{4}{8}$ [ ]

$\frac{7}{8}$ $\frac{2}{6}$ $\frac{3}{4}$ $\frac{4}{6}$

10) $\frac{1}{8}$ [ ] < [?] < $\frac{2}{6}$ [ ]

$\frac{1}{6}$ $\frac{1}{2}$ $\frac{3}{8}$ $\frac{5}{8}$

1. _____

2. _____

3. _____

4. _____

5. _____

6. _____

7. _____

8. _____

9. _____

10. _____

1)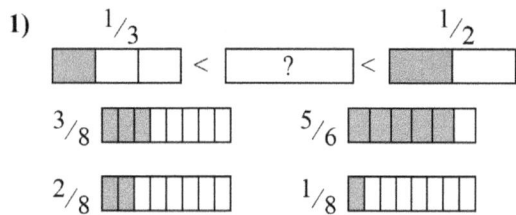

2)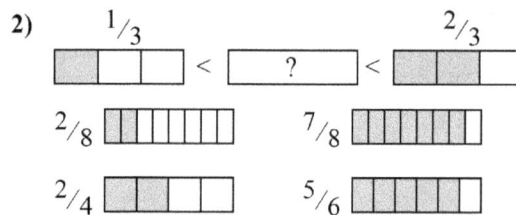

3)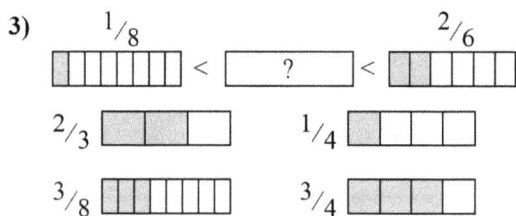

4)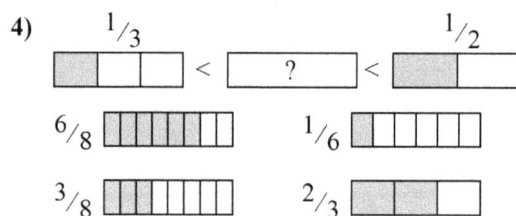

5)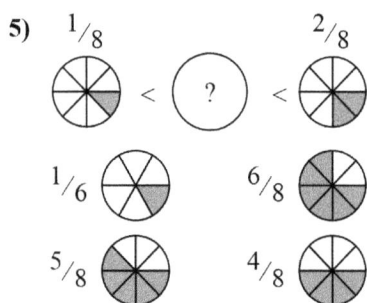

6)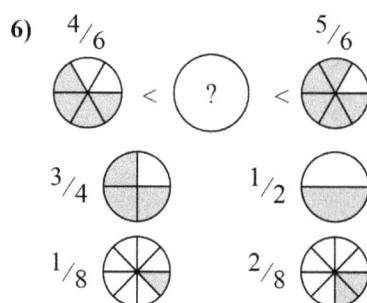

7)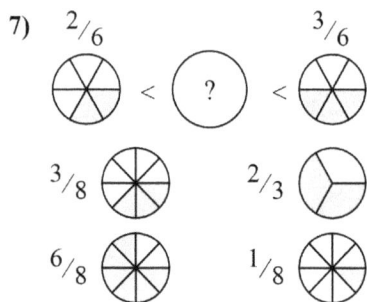

8)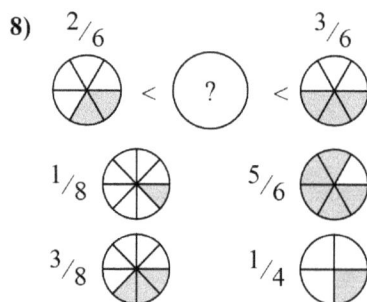

9)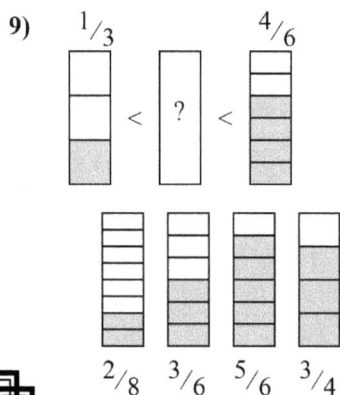

10)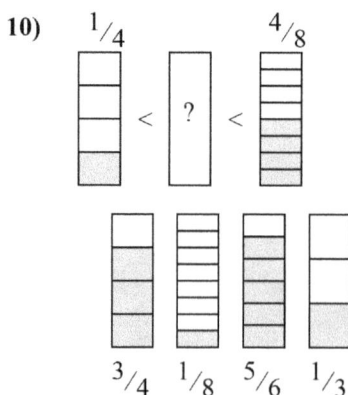

1. _____

2. _____

3. _____

4. _____

5. _____

6. _____

7. _____

8. _____

9. _____

10. _____

1)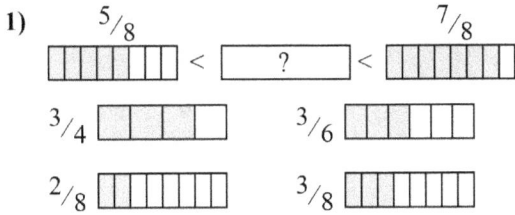

2)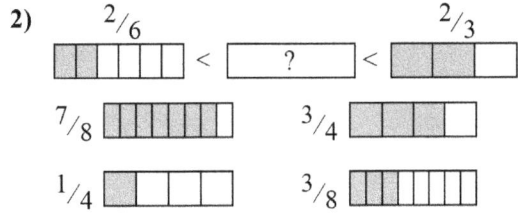

1. _____

2. _____

3)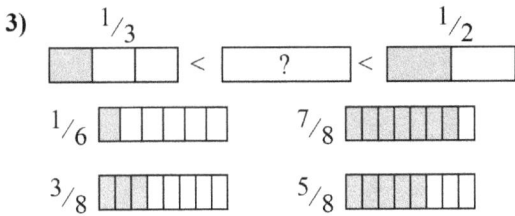

4)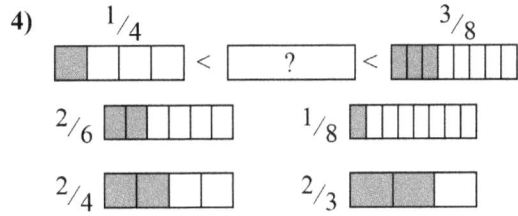

3. _____

4. _____

5. _____

5)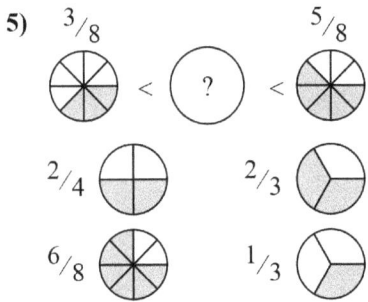

6)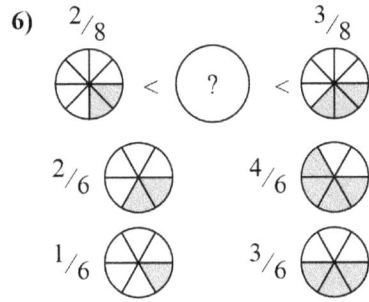

6. _____

7. _____

8. _____

7)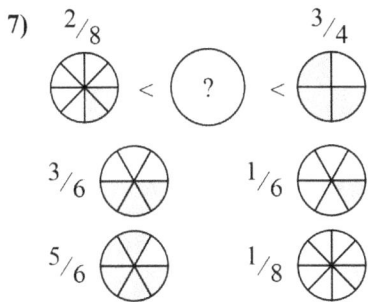

8)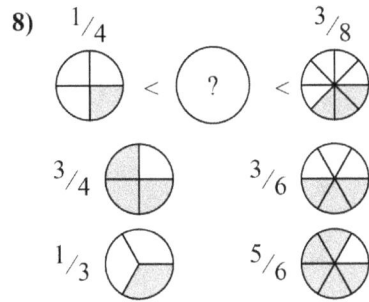

9. _____

10. _____

9)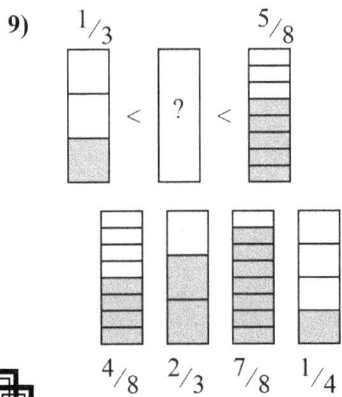

10)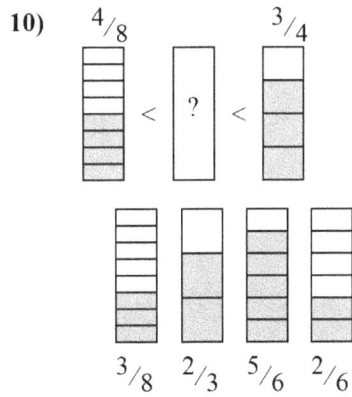

1)

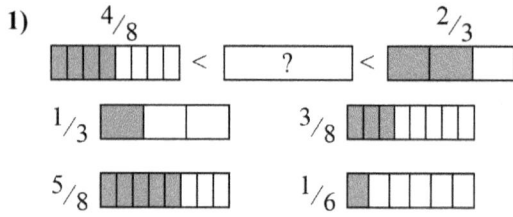

$4/8$ < ? < $2/3$

$1/3$ $3/8$

$5/8$ $1/6$

2)

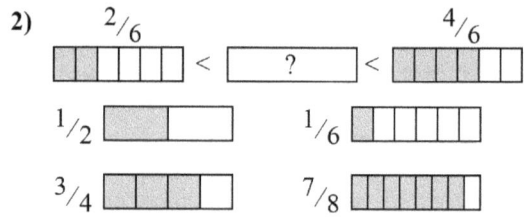

$2/6$ < ? < $4/6$

$1/2$ $1/6$

$3/4$ $7/8$

3)

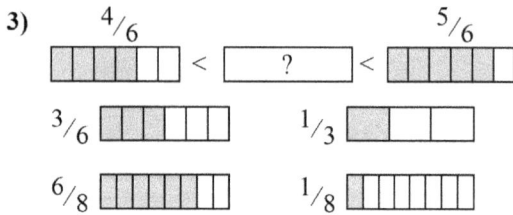

$4/6$ < ? < $5/6$

$3/6$ $1/3$

$6/8$ $1/8$

4)

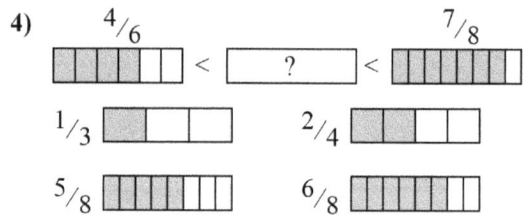

$4/6$ < ? < $7/8$

$1/3$ $2/4$

$5/8$ $6/8$

5)

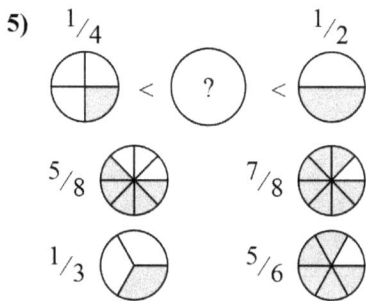

$1/4$ < ? < $1/2$

$5/8$ $7/8$

$1/3$ $5/6$

6)

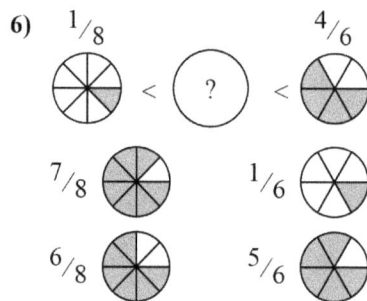

$1/8$ < ? < $4/6$

$7/8$ $1/6$

$6/8$ $5/6$

7)

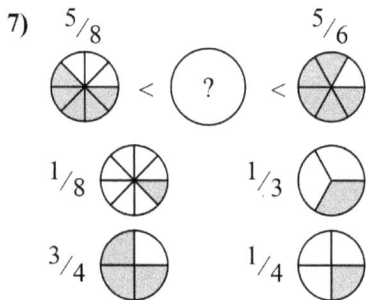

$5/8$ < ? < $5/6$

$1/8$ $1/3$

$3/4$ $1/4$

8)

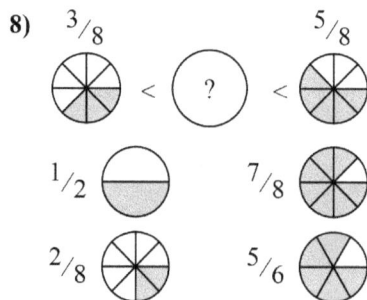

$3/8$ < ? < $5/8$

$1/2$ $7/8$

$2/8$ $5/6$

9)

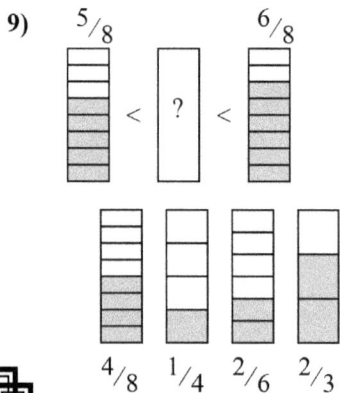

$5/8$ < ? < $6/8$

$4/8$ $1/4$ $2/6$ $2/3$

10)

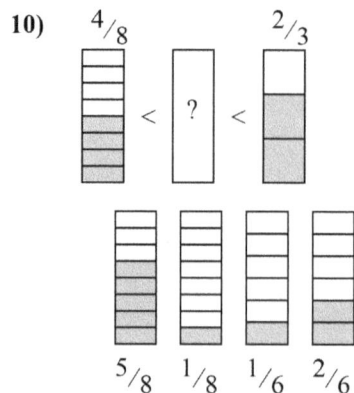

$4/8$ < ? < $2/3$

$5/8$ $1/8$ $1/6$ $2/6$

1. _____

2. _____

3. _____

4. _____

5. _____

6. _____

7. _____

8. _____

9. _____

10. _____

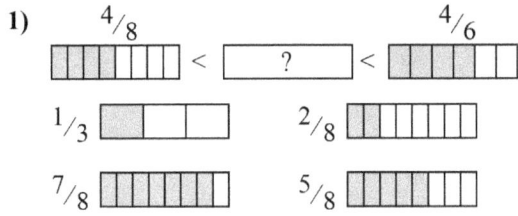

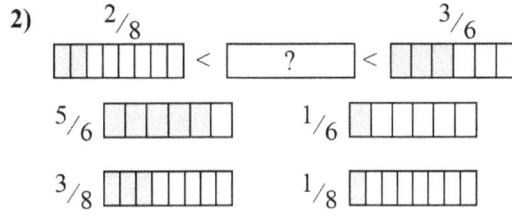

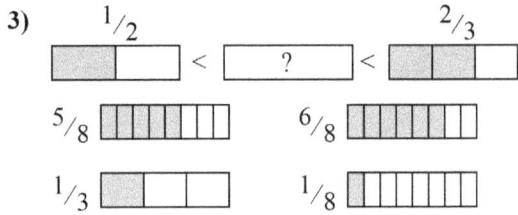

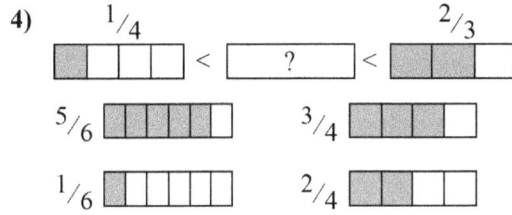

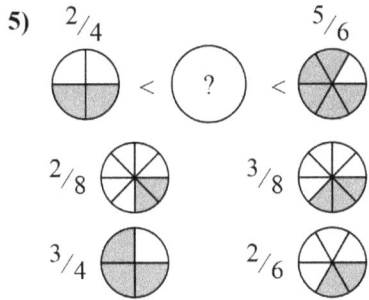

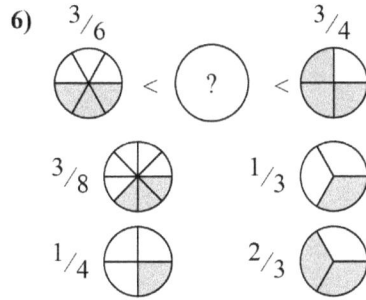

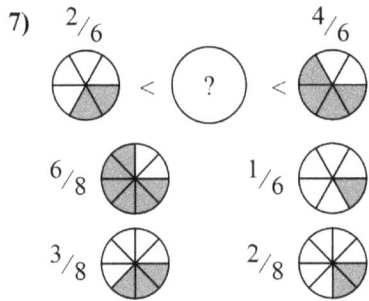

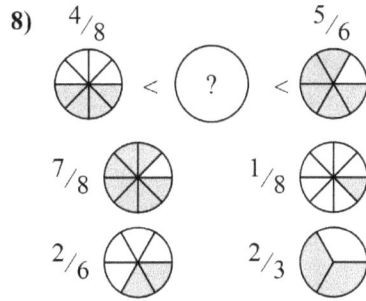

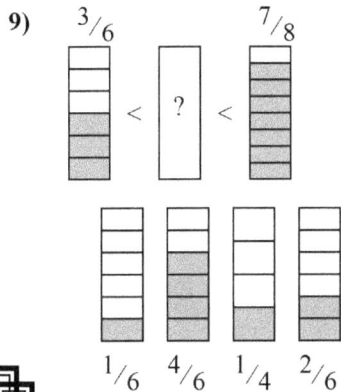

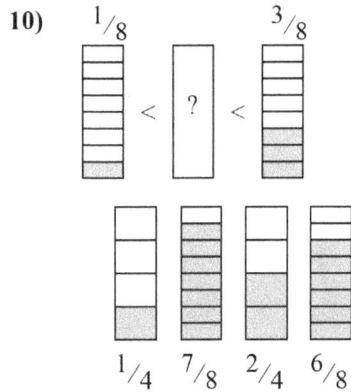

1) $^4/_8$ < ? < $^4/_6$

$^1/_3$ $^2/_8$

$^7/_8$ $^5/_8$

2) $^2/_8$ < ? < $^3/_6$

$^5/_6$ $^1/_6$

$^3/_8$ $^1/_8$

3) $^1/_2$ < ? < $^2/_3$

$^5/_8$ $^6/_8$

$^1/_3$ $^1/_8$

4) $^1/_4$ < ? < $^2/_3$

$^5/_6$ $^3/_4$

$^1/_6$ $^2/_4$

5) $^2/_4$ < ? < $^5/_6$

$^2/_8$ $^3/_8$

$^3/_4$ $^2/_6$

6) $^3/_6$ < ? < $^3/_4$

$^3/_8$ $^1/_3$

$^1/_4$ $^2/_3$

7) $^2/_6$ < ? < $^4/_6$

$^6/_8$ $^1/_6$

$^3/_8$ $^2/_8$

8) $^4/_8$ < ? < $^5/_6$

$^7/_8$ $^1/_8$

$^2/_6$ $^2/_3$

9) $^3/_6$ < ? < $^7/_8$

$^1/_6$ $^4/_6$ $^1/_4$ $^2/_6$

10) $^1/_8$ < ? < $^3/_8$

$^1/_4$ $^7/_8$ $^2/_4$ $^6/_8$

1. _____
2. _____
3. _____
4. _____
5. _____
6. _____
7. _____
8. _____
9. _____
10. _____

Determine qué letra representa mejor una fracción equivalente. Elija la respuesta a continuación.

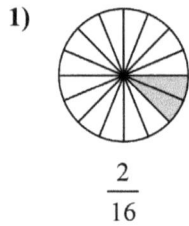

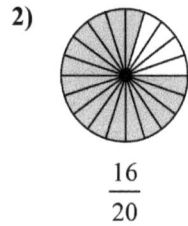

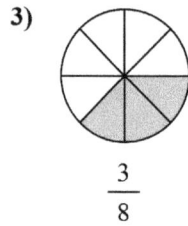

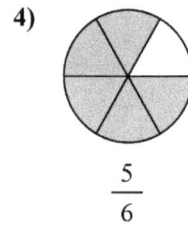

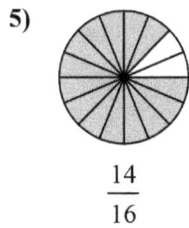

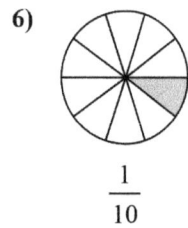

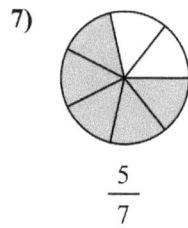

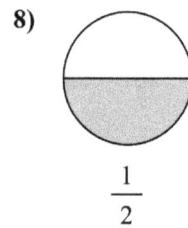

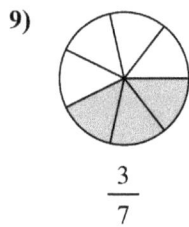

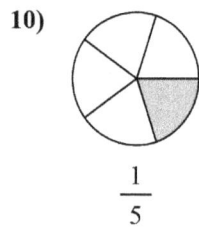

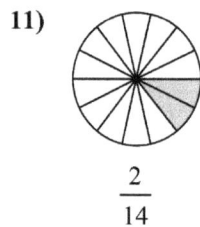

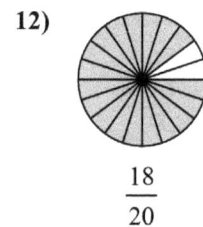

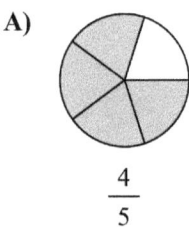

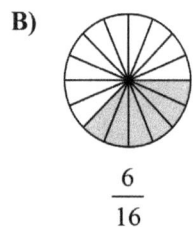

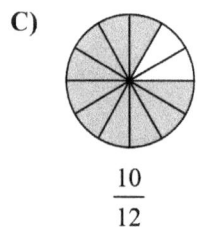

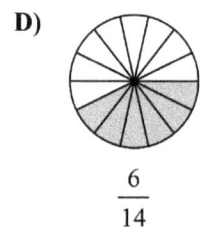

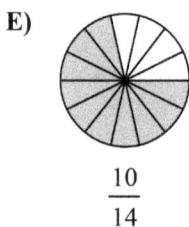

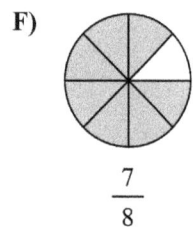

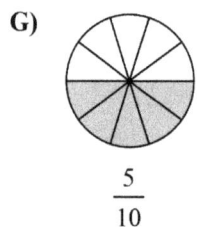

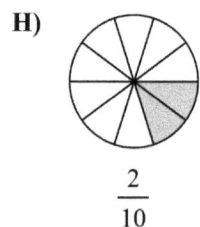

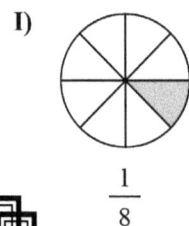

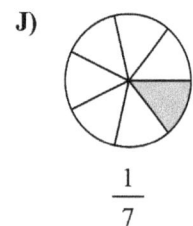

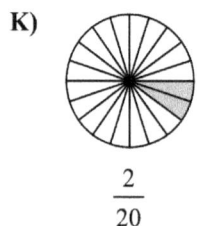

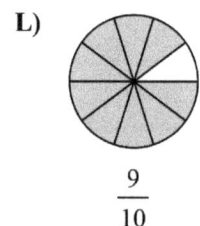

1) $\dfrac{2}{16}$

2) $\dfrac{16}{20}$

3) $\dfrac{3}{8}$

4) $\dfrac{5}{6}$

5) $\dfrac{14}{16}$

6) $\dfrac{1}{10}$

7) $\dfrac{5}{7}$

8) $\dfrac{1}{2}$

9) $\dfrac{3}{7}$

10) $\dfrac{1}{5}$

11) $\dfrac{2}{14}$

12) $\dfrac{18}{20}$

Ex. I

1. _____

2. _____

3. _____

4. _____

5. _____

6. _____

7. _____

8. _____

9. _____

10. _____

11. _____

12. _____

A) $\dfrac{4}{5}$

B) $\dfrac{6}{16}$

C) $\dfrac{10}{12}$

D) $\dfrac{6}{14}$

E) $\dfrac{10}{14}$

F) $\dfrac{7}{8}$

G) $\dfrac{5}{10}$

H) $\dfrac{2}{10}$

I) $\dfrac{1}{8}$

J) $\dfrac{1}{7}$

K) $\dfrac{2}{20}$

L) $\dfrac{9}{10}$

52

1)
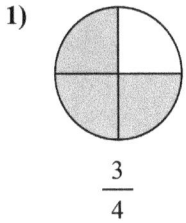
$$\frac{3}{4}$$

2)
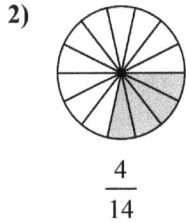
$$\frac{4}{14}$$

3)
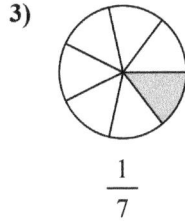
$$\frac{1}{7}$$

4)
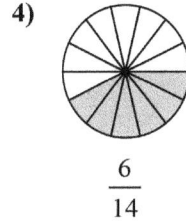
$$\frac{6}{14}$$

5)
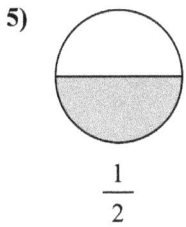
$$\frac{1}{2}$$

6)
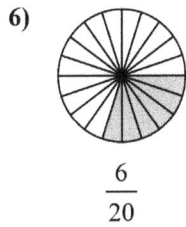
$$\frac{6}{20}$$

7)
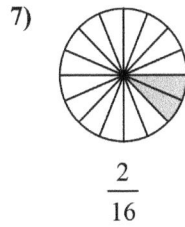
$$\frac{2}{16}$$

8)
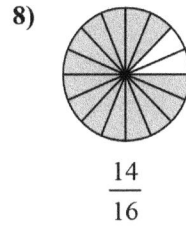
$$\frac{14}{16}$$

9)

$$\frac{12}{14}$$

10)
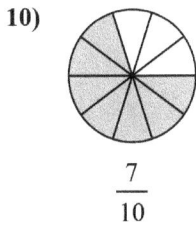
$$\frac{7}{10}$$

11)
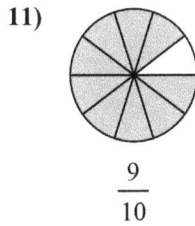
$$\frac{9}{10}$$

12)
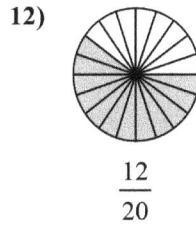
$$\frac{12}{20}$$

1. _____

2. _____

3. _____

4. _____

5. _____

6. _____

7. _____

8. _____

9. _____

10. _____

11. _____

12. _____

A)
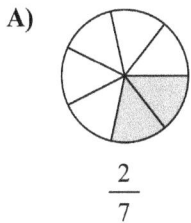
$$\frac{2}{7}$$

B)
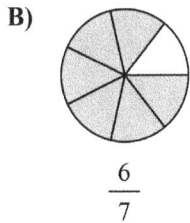
$$\frac{6}{7}$$

C)
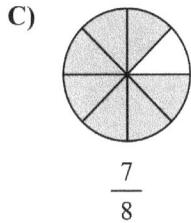
$$\frac{7}{8}$$

D)
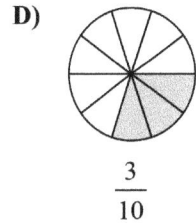
$$\frac{3}{10}$$

E)
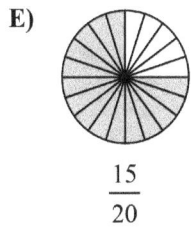
$$\frac{15}{20}$$

F)
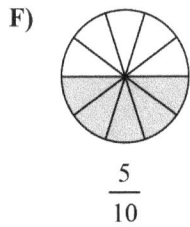
$$\frac{5}{10}$$

G)
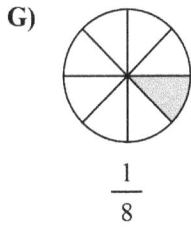
$$\frac{1}{8}$$

H)
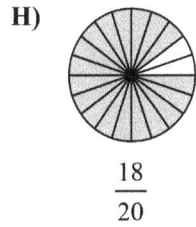
$$\frac{18}{20}$$

I)
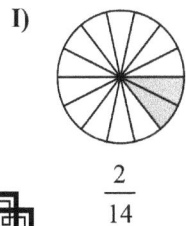
$$\frac{2}{14}$$

J)
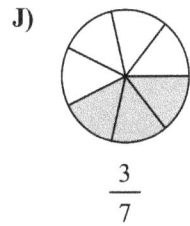
$$\frac{3}{7}$$

K)
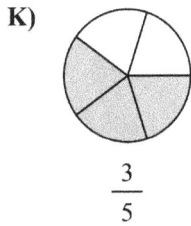
$$\frac{3}{5}$$

L)
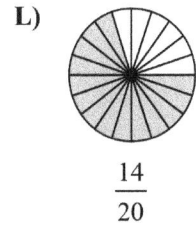
$$\frac{14}{20}$$

1)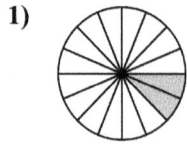
$$\frac{2}{16}$$

2)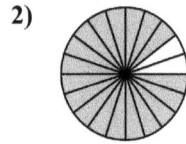
$$\frac{18}{20}$$

3)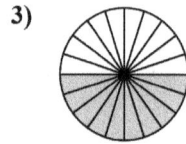
$$\frac{10}{20}$$

4)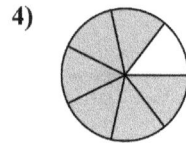
$$\frac{6}{7}$$

5)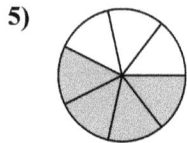
$$\frac{4}{7}$$

6)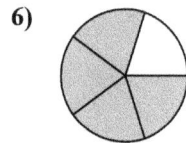
$$\frac{4}{5}$$

7)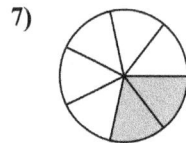
$$\frac{2}{7}$$

8)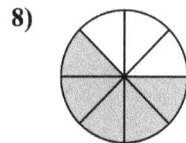
$$\frac{5}{8}$$

9)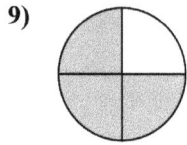
$$\frac{3}{4}$$

10)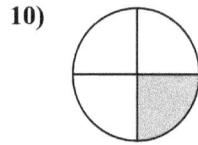
$$\frac{1}{4}$$

11)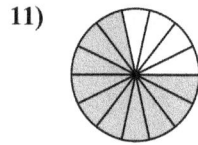
$$\frac{10}{14}$$

12)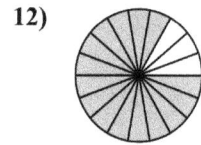
$$\frac{15}{18}$$

1. _____

2. _____

3. _____

4. _____

5. _____

6. _____

7. _____

8. _____

9. _____

10. _____

11. _____

12. _____

A)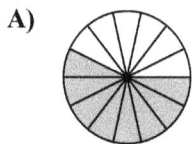
$$\frac{8}{14}$$

B)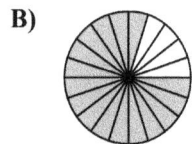
$$\frac{16}{20}$$

C)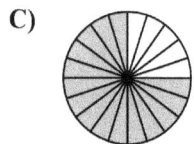
$$\frac{15}{20}$$

D)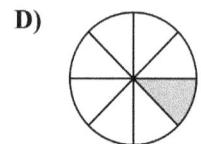
$$\frac{1}{8}$$

E)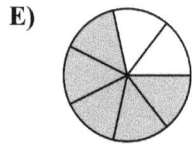
$$\frac{5}{7}$$

F)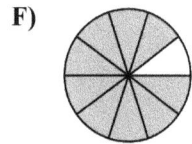
$$\frac{9}{10}$$

G)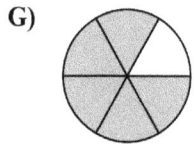
$$\frac{5}{6}$$

H)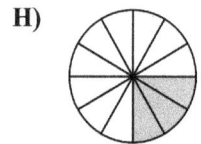
$$\frac{3}{12}$$

I)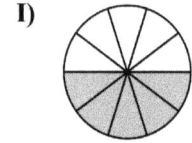
$$\frac{5}{10}$$

J)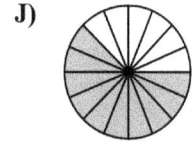
$$\frac{10}{16}$$

K)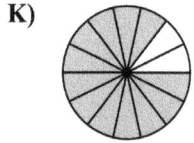
$$\frac{12}{14}$$

L)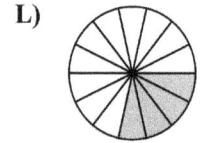
$$\frac{4}{14}$$

1)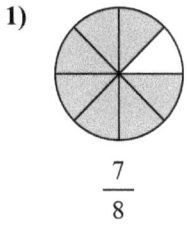

$$\frac{7}{8}$$

2)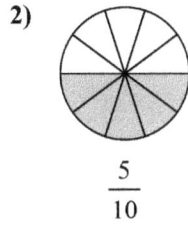

$$\frac{5}{10}$$

3)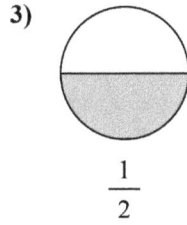

$$\frac{1}{2}$$

4)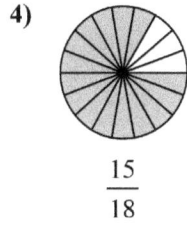

$$\frac{15}{18}$$

5)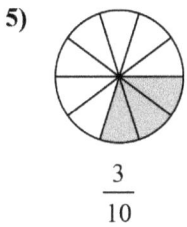

$$\frac{3}{10}$$

6)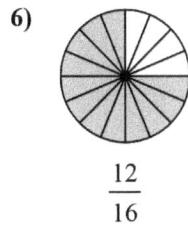

$$\frac{12}{16}$$

7)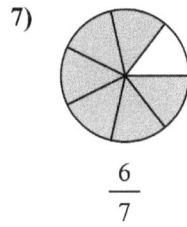

$$\frac{6}{7}$$

8)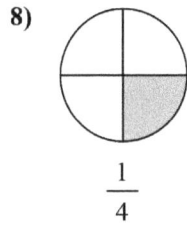

$$\frac{1}{4}$$

9)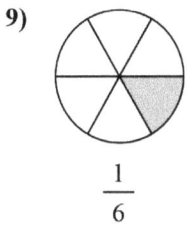

$$\frac{1}{6}$$

10)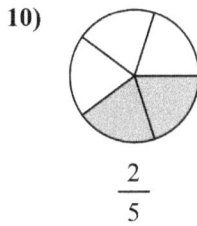

$$\frac{2}{5}$$

11)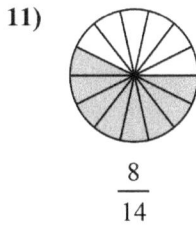

$$\frac{8}{14}$$

12)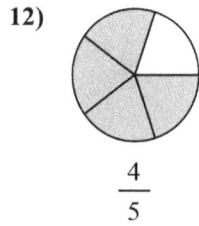

$$\frac{4}{5}$$

1. _____

2. _____

3. _____

4. _____

5. _____

6. _____

7. _____

8. _____

9. _____

10. _____

11. _____

12. _____

A)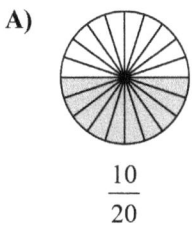

$$\frac{10}{20}$$

B)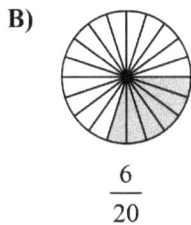

$$\frac{6}{20}$$

C)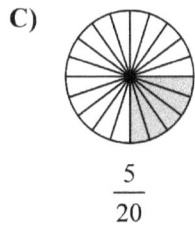

$$\frac{5}{20}$$

D)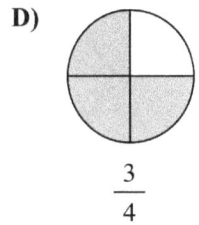

$$\frac{3}{4}$$

E)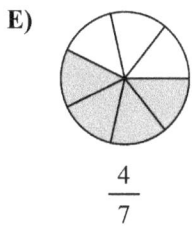

$$\frac{4}{7}$$

F)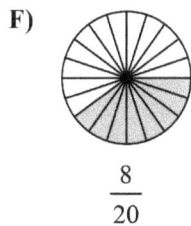

$$\frac{8}{20}$$

G)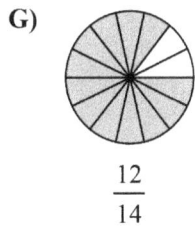

$$\frac{12}{14}$$

H)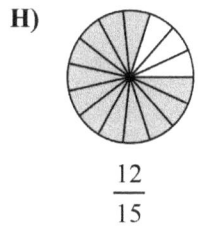

$$\frac{12}{15}$$

I)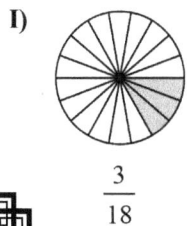

$$\frac{3}{18}$$

J)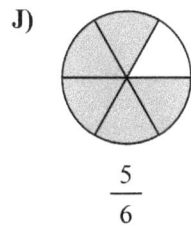

$$\frac{5}{6}$$

K)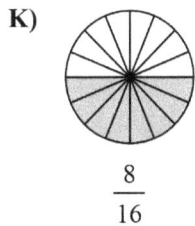

$$\frac{8}{16}$$

L)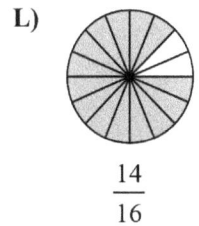

$$\frac{14}{16}$$

55

1) $\dfrac{1}{4}$

2) $\dfrac{9}{12}$

3) $\dfrac{4}{7}$

4) $\dfrac{18}{20}$

5) $\dfrac{3}{18}$

6) $\dfrac{7}{8}$

7) $\dfrac{3}{15}$

8) $\dfrac{10}{20}$

9) $\dfrac{6}{7}$

10) $\dfrac{1}{10}$

11) $\dfrac{10}{14}$

12) $\dfrac{2}{16}$

A) $\dfrac{8}{14}$

B) $\dfrac{5}{7}$

C) $\dfrac{5}{10}$

D) $\dfrac{12}{14}$

E) $\dfrac{1}{8}$

F) $\dfrac{2}{20}$

G) $\dfrac{1}{5}$

H) $\dfrac{14}{16}$

I) $\dfrac{3}{4}$

J) $\dfrac{4}{16}$

K) $\dfrac{1}{6}$

L) $\dfrac{9}{10}$

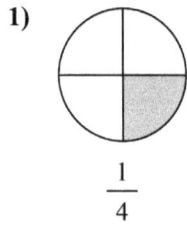

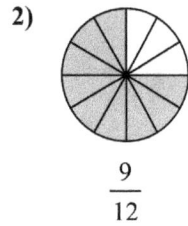

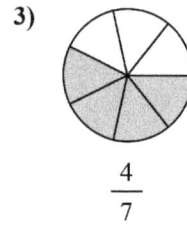

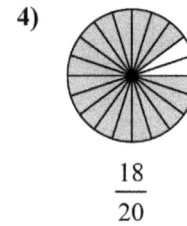

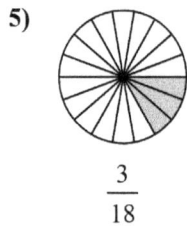

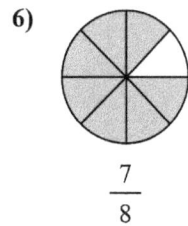

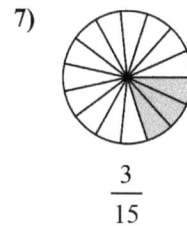

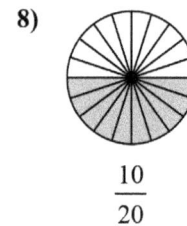

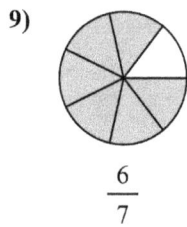

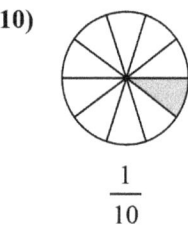

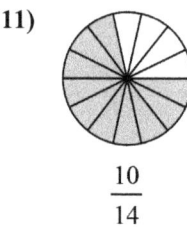

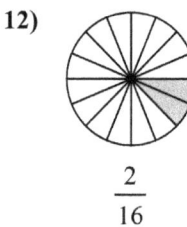

1. _____
2. _____
3. _____
4. _____
5. _____
6. _____
7. _____
8. _____
9. _____
10. _____
11. _____
12. _____

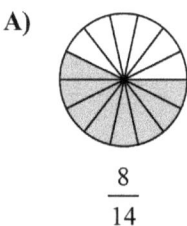

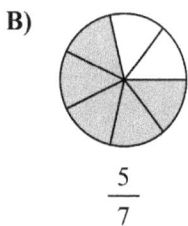

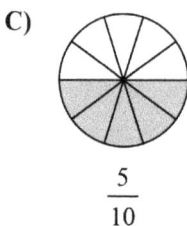

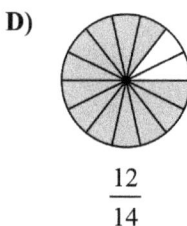

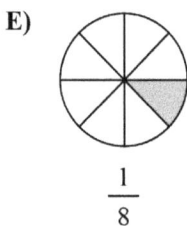

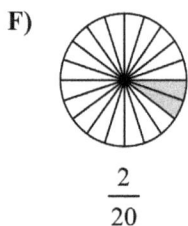

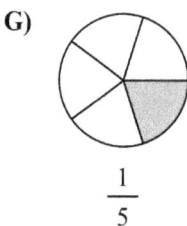

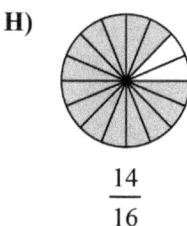

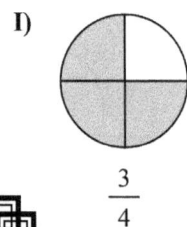

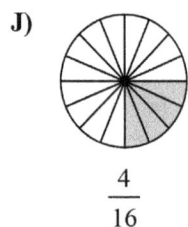

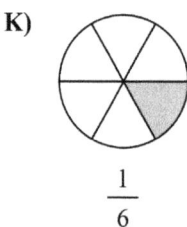

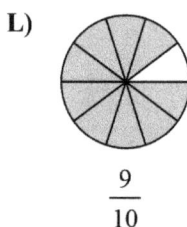

1) $\frac{7}{8}$

2) $\frac{3}{10}$

3) $\frac{16}{20}$

4) $\frac{2}{7}$

5) $\frac{8}{20}$

6) $\frac{5}{7}$

7) $\frac{3}{5}$

8) $\frac{1}{6}$

9) $\frac{7}{10}$

10) $\frac{1}{4}$

11) $\frac{2}{20}$

12) $\frac{2}{10}$

A) $\frac{4}{5}$

B) $\frac{10}{14}$

C) $\frac{14}{16}$

D) $\frac{3}{18}$

E) $\frac{1}{10}$

F) $\frac{12}{20}$

G) $\frac{4}{14}$

H) $\frac{1}{5}$

I) $\frac{2}{8}$

J) $\frac{6}{20}$

K) $\frac{14}{20}$

L) $\frac{2}{5}$

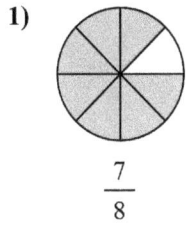

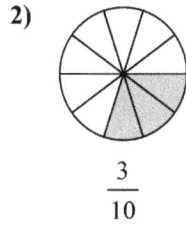

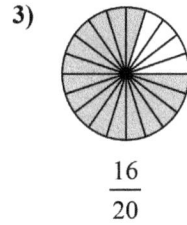

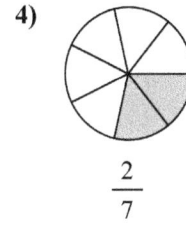

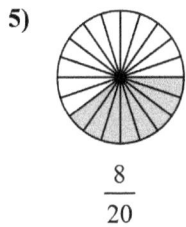

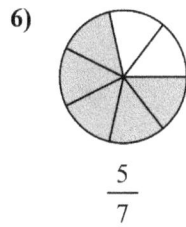

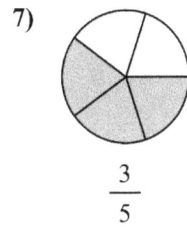

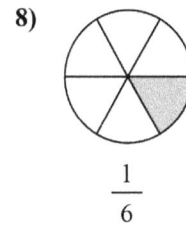

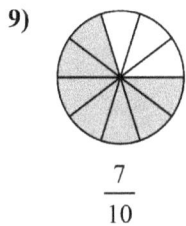

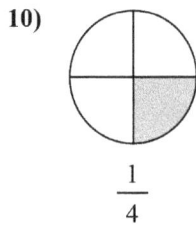

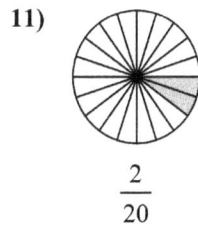

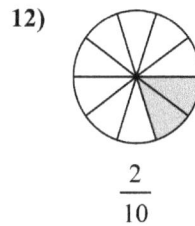

1. _____
2. _____
3. _____
4. _____
5. _____
6. _____
7. _____
8. _____
9. _____
10. _____
11. _____
12. _____

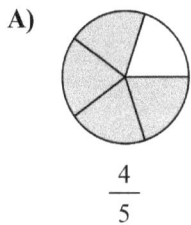

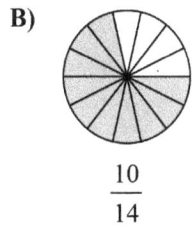

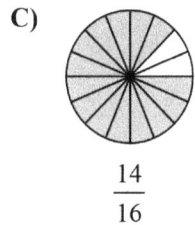

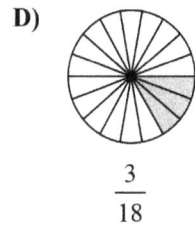

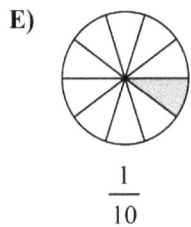

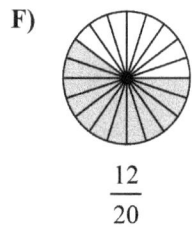

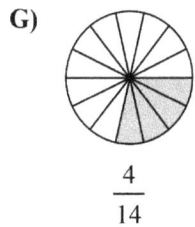

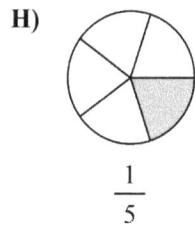

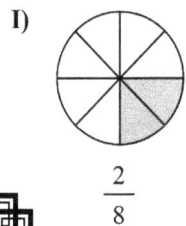

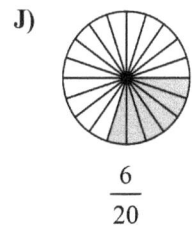

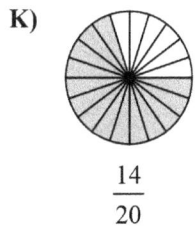

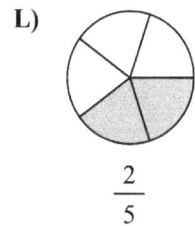

57

1)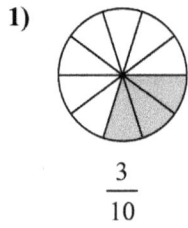

$\dfrac{3}{10}$

2)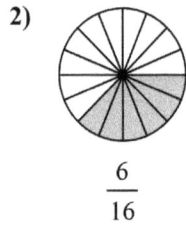

$\dfrac{6}{16}$

3)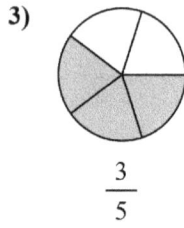

$\dfrac{3}{5}$

4)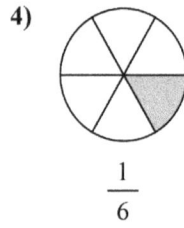

$\dfrac{1}{6}$

5)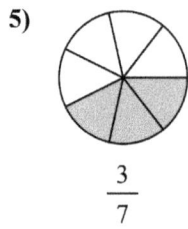

$\dfrac{3}{7}$

6)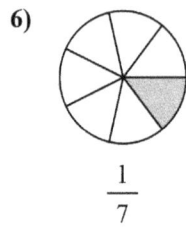

$\dfrac{1}{7}$

7)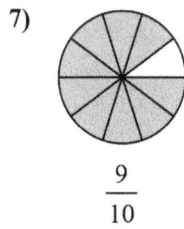

$\dfrac{9}{10}$

8)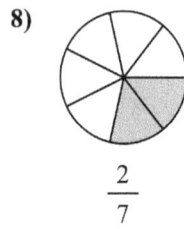

$\dfrac{2}{7}$

9)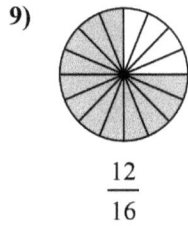

$\dfrac{12}{16}$

10)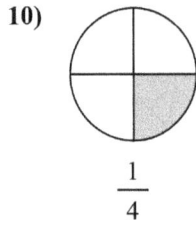

$\dfrac{1}{4}$

11)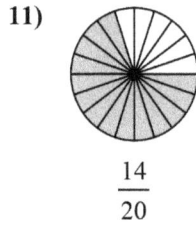

$\dfrac{14}{20}$

12)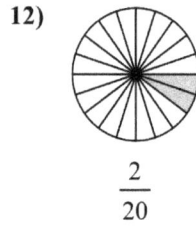

$\dfrac{2}{20}$

1. _____

2. _____

3. _____

4. _____

5. _____

6. _____

7. _____

8. _____

9. _____

10. _____

11. _____

12. _____

A)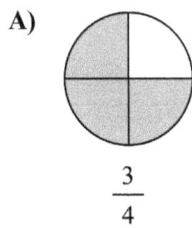

$\dfrac{3}{4}$

B)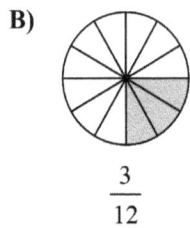

$\dfrac{3}{12}$

C)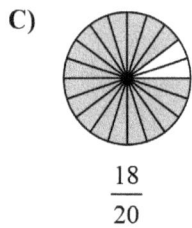

$\dfrac{18}{20}$

D)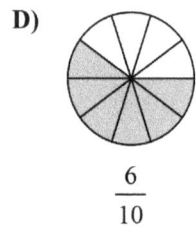

$\dfrac{6}{10}$

E)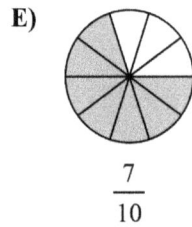

$\dfrac{7}{10}$

F)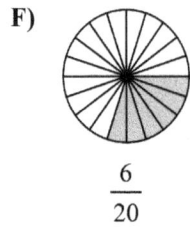

$\dfrac{6}{20}$

G)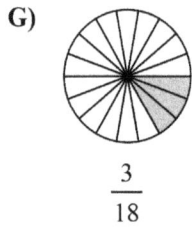

$\dfrac{3}{18}$

H)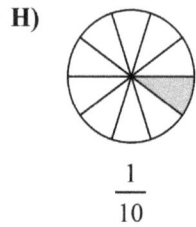

$\dfrac{1}{10}$

I)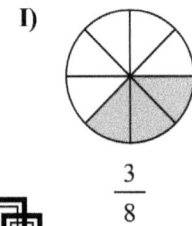

$\dfrac{3}{8}$

J)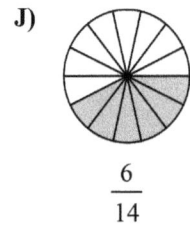

$\dfrac{6}{14}$

K)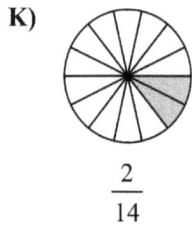

$\dfrac{2}{14}$

L)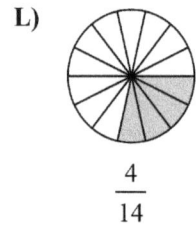

$\dfrac{4}{14}$

1)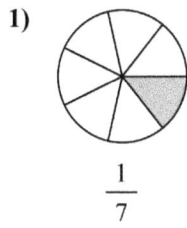
$\dfrac{1}{7}$

2)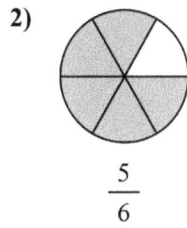
$\dfrac{5}{6}$

3)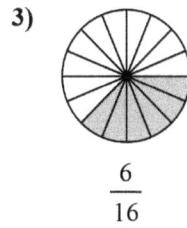
$\dfrac{6}{16}$

4)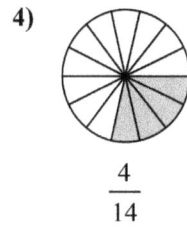
$\dfrac{4}{14}$

5)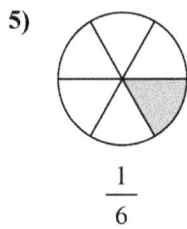
$\dfrac{1}{6}$

6)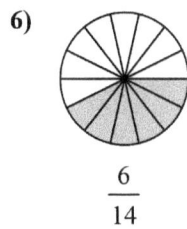
$\dfrac{6}{14}$

7)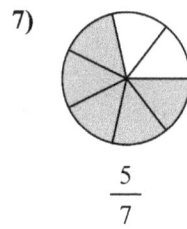
$\dfrac{5}{7}$

8)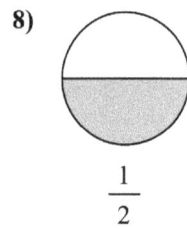
$\dfrac{1}{2}$

9)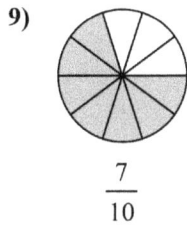
$\dfrac{7}{10}$

10)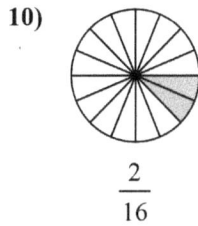
$\dfrac{2}{16}$

11)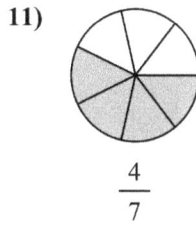
$\dfrac{4}{7}$

12)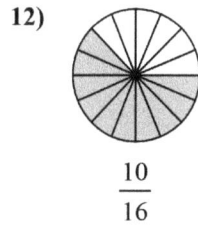
$\dfrac{10}{16}$

1. _____
2. _____
3. _____
4. _____
5. _____
6. _____
7. _____
8. _____
9. _____
10. _____
11. _____
12. _____

A)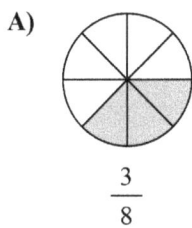
$\dfrac{3}{8}$

B)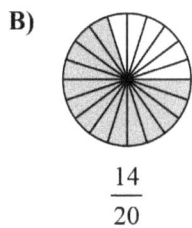
$\dfrac{14}{20}$

C)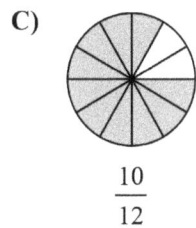
$\dfrac{10}{12}$

D)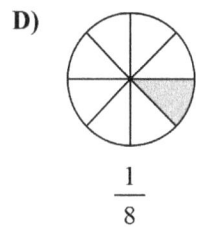
$\dfrac{1}{8}$

E)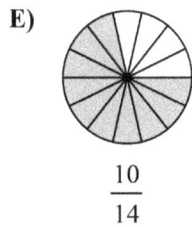
$\dfrac{10}{14}$

F)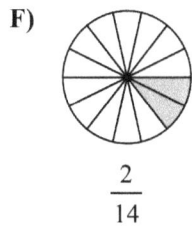
$\dfrac{2}{14}$

G)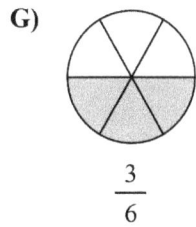
$\dfrac{3}{6}$

H)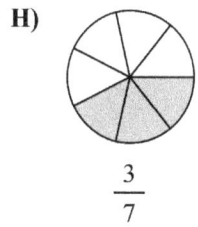
$\dfrac{3}{7}$

I)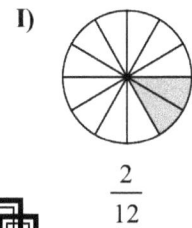
$\dfrac{2}{12}$

J)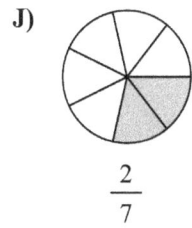
$\dfrac{2}{7}$

K)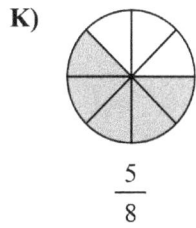
$\dfrac{5}{8}$

L)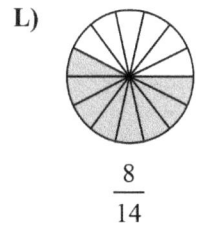
$\dfrac{8}{14}$

1)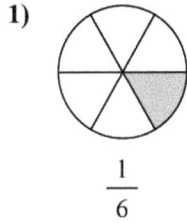
$\dfrac{1}{6}$

2)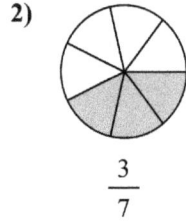
$\dfrac{3}{7}$

3)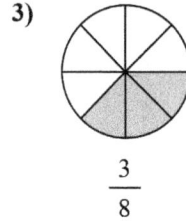
$\dfrac{3}{8}$

4)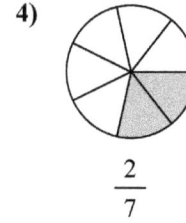
$\dfrac{2}{7}$

5)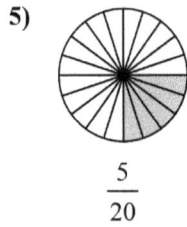
$\dfrac{5}{20}$

6)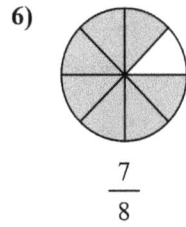
$\dfrac{7}{8}$

7)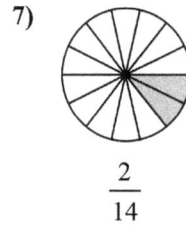
$\dfrac{2}{14}$

8)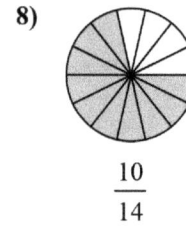
$\dfrac{10}{14}$

9)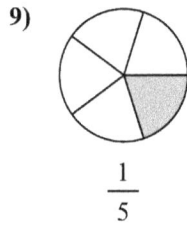
$\dfrac{1}{5}$

10)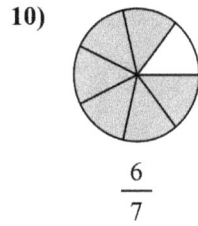
$\dfrac{6}{7}$

11)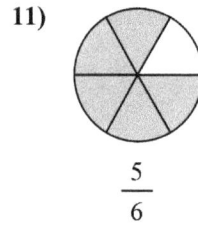
$\dfrac{5}{6}$

12)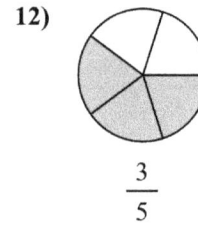
$\dfrac{3}{5}$

1. _____

2. _____

3. _____

4. _____

5. _____

6. _____

7. _____

8. _____

9. _____

10. _____

11. _____

12. _____

A)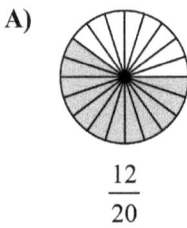
$\dfrac{12}{20}$

B)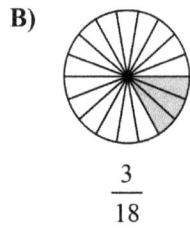
$\dfrac{3}{18}$

C)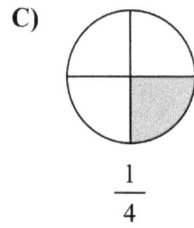
$\dfrac{1}{4}$

D)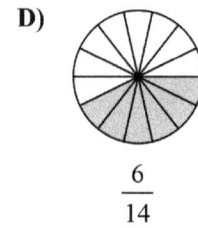
$\dfrac{6}{14}$

E)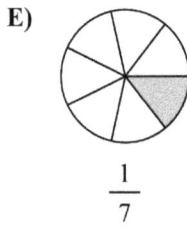
$\dfrac{1}{7}$

F)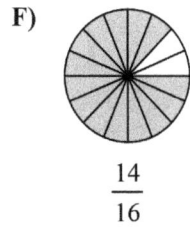
$\dfrac{14}{16}$

G)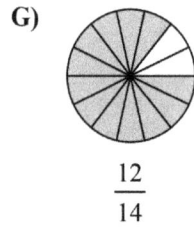
$\dfrac{12}{14}$

H)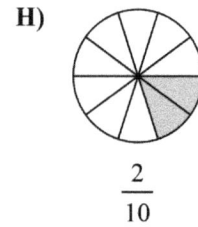
$\dfrac{2}{10}$

I)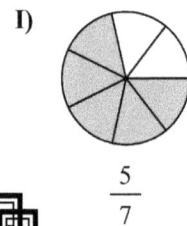
$\dfrac{5}{7}$

J)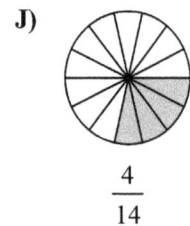
$\dfrac{4}{14}$

K)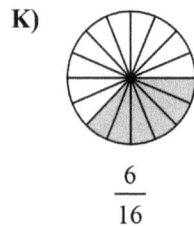
$\dfrac{6}{16}$

L)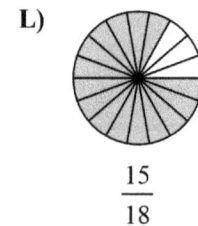
$\dfrac{15}{18}$

60

1) $\dfrac{6}{14}$

2) $\dfrac{14}{20}$

3) $\dfrac{1}{6}$

4) $\dfrac{2}{20}$

5) $\dfrac{1}{2}$

6) $\dfrac{2}{16}$

7) $\dfrac{3}{5}$

8) $\dfrac{3}{8}$

9) $\dfrac{2}{8}$

10) $\dfrac{4}{14}$

11) $\dfrac{15}{18}$

12) $\dfrac{5}{8}$

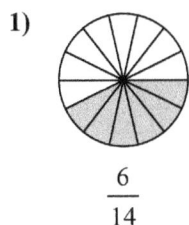

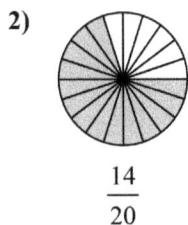

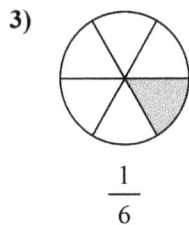

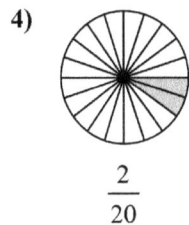

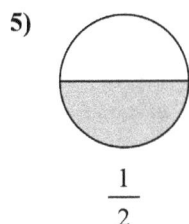

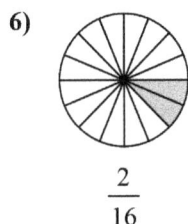

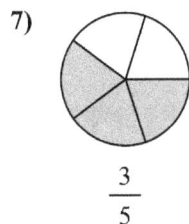

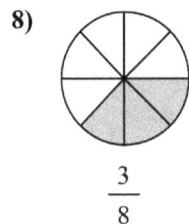

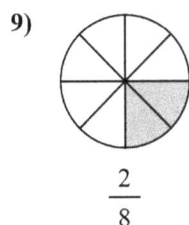

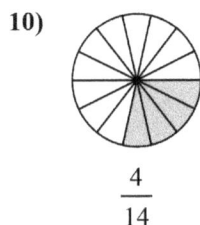

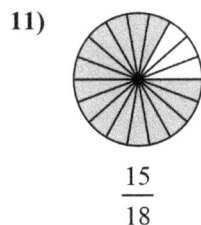

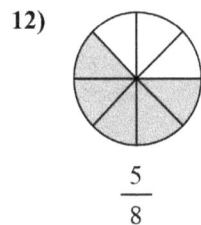

1. _____
2. _____
3. _____
4. _____
5. _____
6. _____
7. _____
8. _____
9. _____
10. _____
11. _____
12. _____

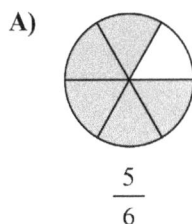

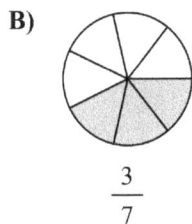

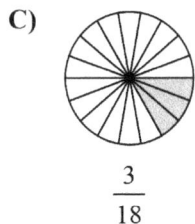

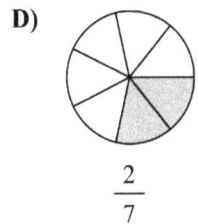

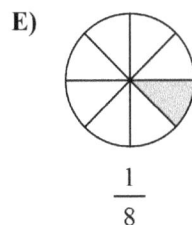

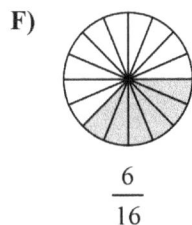

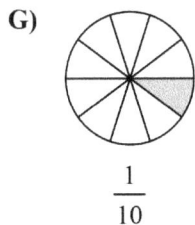

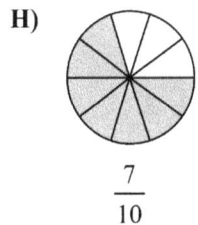

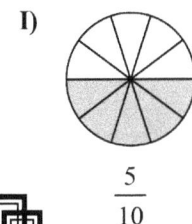

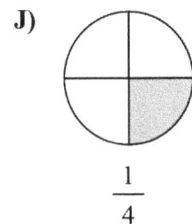

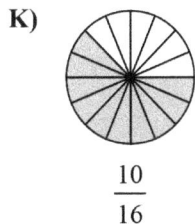

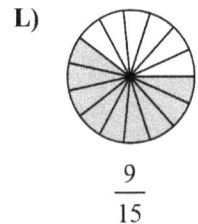

A) $\dfrac{5}{6}$

B) $\dfrac{3}{7}$

C) $\dfrac{3}{18}$

D) $\dfrac{2}{7}$

E) $\dfrac{1}{8}$

F) $\dfrac{6}{16}$

G) $\dfrac{1}{10}$

H) $\dfrac{7}{10}$

I) $\dfrac{5}{10}$

J) $\dfrac{1}{4}$

K) $\dfrac{10}{16}$

L) $\dfrac{9}{15}$

RESPUESTA CLAVE

1

1. $\frac{2}{8}$ _____
2. $\frac{1}{3}$ _____
3. $\frac{4}{8}$ _____
4. $\frac{5}{6}$ _____
5. $\frac{2}{4}$ _____
6. $\frac{2}{6}$ _____
7. $\frac{3}{4}$ _____
8. $\frac{4}{6}$ _____
9. $\frac{7}{8}$ _____
10. $\frac{3}{8}$ _____

2

1. $\frac{5}{6}$ _____
2. $\frac{2}{4}$ _____
3. $\frac{2}{6}$ _____
4. $\frac{1}{6}$ _____
5. $\frac{3}{4}$ _____
6. $\frac{1}{4}$ _____
7. $\frac{6}{8}$ _____
8. $\frac{2}{8}$ _____
9. $\frac{3}{8}$ _____
10. $\frac{1}{3}$ _____

3

1. $\frac{1}{4}$ _____
2. $\frac{1}{3}$ _____
3. $\frac{3}{4}$ _____
4. $\frac{1}{2}$ _____
5. $\frac{2}{8}$ _____
6. $\frac{3}{6}$ _____
7. $\frac{2}{6}$ _____
8. $\frac{1}{6}$ _____
9. $\frac{1}{8}$ _____
10. $\frac{3}{8}$ _____

4

1. $\frac{1}{2}$ _____
2. $\frac{5}{6}$ _____
3. $\frac{2}{4}$ _____
4. $\frac{1}{8}$ _____
5. $\frac{1}{4}$ _____
6. $\frac{6}{8}$ _____
7. $\frac{3}{8}$ _____
8. $\frac{2}{3}$ _____
9. $\frac{4}{6}$ _____
10. $\frac{7}{8}$ _____

5

1. $\dfrac{2}{8}$ _____

2. $\dfrac{3}{4}$ _____

3. $\dfrac{3}{8}$ _____

4. $\dfrac{5}{6}$ _____

5. $\dfrac{1}{3}$ _____

6. $\dfrac{7}{8}$ _____

7. $\dfrac{4}{8}$ _____

8. $\dfrac{2}{6}$ _____

9. $\dfrac{4}{6}$ _____

10. $\dfrac{6}{8}$ _____

6

1. $\dfrac{3}{8}$ _____

2. $\dfrac{3}{4}$ _____

3. $\dfrac{1}{8}$ _____

4. $\dfrac{2}{3}$ _____

5. $\dfrac{1}{2}$ _____

6. $\dfrac{4}{6}$ _____

7. $\dfrac{4}{8}$ _____

8. $\dfrac{3}{6}$ _____

9. $\dfrac{2}{4}$ _____

10. $\dfrac{1}{3}$ _____

7

1. $\dfrac{7}{8}$ _____

2. $\dfrac{3}{6}$ _____

3. $\dfrac{4}{8}$ _____

4. $\dfrac{1}{4}$ _____

5. $\dfrac{5}{6}$ _____

6. $\dfrac{3}{8}$ _____

7. $\dfrac{2}{4}$ _____

8. $\dfrac{1}{3}$ _____

9. $\dfrac{5}{8}$ _____

10. $\dfrac{2}{6}$ _____

8

1. $\dfrac{4}{6}$ _____

2. $\dfrac{2}{4}$ _____

3. $\dfrac{5}{8}$ _____

4. $\dfrac{2}{3}$ _____

5. $\dfrac{3}{8}$ _____

6. $\dfrac{1}{2}$ _____

7. $\dfrac{2}{6}$ _____

8. $\dfrac{5}{6}$ _____

9. $\dfrac{1}{3}$ _____

10. $\dfrac{1}{6}$ _____

9

1. $\frac{4}{8}$
2. $\frac{3}{8}$
3. $\frac{5}{8}$
4. $\frac{2}{6}$
5. $\frac{1}{8}$
6. $\frac{1}{6}$
7. $\frac{4}{6}$
8. $\frac{1}{3}$
9. $\frac{6}{8}$
10. $\frac{5}{6}$

10

1. $\frac{2}{4}$
2. $\frac{3}{8}$
3. $\frac{1}{8}$
4. $\frac{1}{4}$
5. $\frac{1}{3}$
6. $\frac{1}{2}$
7. $\frac{3}{4}$
8. $\frac{5}{6}$
9. $\frac{6}{8}$
10. $\frac{3}{6}$

11

1. A,B,D
2. D
3. B
4. B,D
5. B,C
6. A
7. B,C
8. A,B,C,D

12

1. A,B,C,D
2. A
3. B
4. A,B
5. B,C
6. A,B,C
7. A,B,D
8. A,B,C,D

13

1. none
2. B,C,D
3. C,D
4. A,D
5. none
6. B
7. none
8. A

14

1. A,B,D
2. B,C,D
3. A
4. B,C,D
5. D
6. A,B,C,D
7. A
8. A,B,C,D

15

1. B
2. A,B,C,D
3. A,B
4. A,B,C,D
5. A,B,C,D
6. A,B,C
7. none
8. B,D

16

1. B,C
2. none
3. A,C,D
4. A,B,C,D
5. B,C
6. A,B,C,D
7. A,C
8. B,D

17

1. A,B,C
2. A,B,C,D
3. B,C,D
4. none
5. A,B,C,D
6. A,B,C,D
7. none
8. none

18

1. A,B,D
2. none
3. none
4. A,B,D
5. C,D
6. A,B,C,D
7. A,C,D
8. D

19

1. A,B,C,D
2. A,C,D
3. A
4. C
5. A,C
6. A,B,D
7. C
8. B,C,D

20

1. A,B,C
2. A,B
3. A
4. B,C
5. A,D
6. A,B,C
7. B,D
8. D

21

1. $\dfrac{3}{8} + \dfrac{2}{8} = \dfrac{5}{8}$

2. $\dfrac{3}{10} + \dfrac{5}{10} = \dfrac{8}{10}$

3. $\dfrac{2}{8} + \dfrac{1}{8} = \dfrac{3}{8}$

4. $\dfrac{2}{5} + \dfrac{2}{5} = \dfrac{4}{5}$

5. $\dfrac{2}{6} + \dfrac{1}{6} = \dfrac{3}{6}$

6. $\dfrac{4}{10} + \dfrac{5}{10} = \dfrac{9}{10}$

7. $\dfrac{3}{6} + \dfrac{1}{6} = \dfrac{4}{6}$

8. $\dfrac{3}{8} + \dfrac{4}{8} = \dfrac{7}{8}$

9. $\dfrac{1}{6} + \dfrac{4}{6} = \dfrac{5}{6}$

10. $\dfrac{4}{12} + \dfrac{1}{12} = \dfrac{5}{12}$

22

1. $\dfrac{3}{4} + \dfrac{1}{4} = \dfrac{4}{4}$

2. $\dfrac{2}{5} + \dfrac{1}{5} = \dfrac{3}{5}$

3. $\dfrac{4}{6} + \dfrac{1}{6} = \dfrac{5}{6}$

4. $\dfrac{3}{8} + \dfrac{1}{8} = \dfrac{4}{8}$

5. $\dfrac{2}{4} + \dfrac{1}{4} = \dfrac{3}{4}$

6. $\dfrac{3}{10} + \dfrac{2}{10} = \dfrac{5}{10}$

7. $\dfrac{4}{8} + \dfrac{2}{8} = \dfrac{6}{8}$

8. $\dfrac{1}{5} + \dfrac{3}{5} = \dfrac{4}{5}$

9. $\dfrac{7}{10} + \dfrac{2}{10} = \dfrac{9}{10}$

10. $\dfrac{1}{3} + \dfrac{1}{3} = \dfrac{2}{3}$

23

1. $\dfrac{2}{4} + \dfrac{2}{4} = \dfrac{4}{4}$

2. $\dfrac{5}{12} + \dfrac{5}{12} = \dfrac{10}{12}$

3. $\dfrac{6}{10} + \dfrac{3}{10} = \dfrac{9}{10}$

4. $\dfrac{2}{6} + \dfrac{2}{6} = \dfrac{4}{6}$

5. $\dfrac{4}{6} + \dfrac{1}{6} = \dfrac{5}{6}$

6. $\dfrac{1}{5} + \dfrac{1}{5} = \dfrac{2}{5}$

7. $\dfrac{2}{12} + \dfrac{6}{12} = \dfrac{8}{12}$

8. $\dfrac{1}{3} + \dfrac{1}{3} = \dfrac{2}{3}$

9. $\dfrac{2}{8} + \dfrac{1}{8} = \dfrac{3}{8}$

10. $\dfrac{4}{8} + \dfrac{1}{8} = \dfrac{5}{8}$

24

1. $\dfrac{2}{4} + \dfrac{1}{4} = \dfrac{3}{4}$

2. $\dfrac{7}{12} + \dfrac{1}{12} = \dfrac{8}{12}$

3. $\dfrac{2}{10} + \dfrac{3}{10} = \dfrac{5}{10}$

4. $\dfrac{1}{5} + \dfrac{1}{5} = \dfrac{2}{5}$

5. $\dfrac{2}{5} + \dfrac{2}{5} = \dfrac{4}{5}$

6. $\dfrac{1}{4} + \dfrac{1}{4} = \dfrac{2}{4}$

7. $\dfrac{1}{8} + \dfrac{3}{8} = \dfrac{4}{8}$

8. $\dfrac{1}{6} + \dfrac{4}{6} = \dfrac{5}{6}$

9. $\dfrac{4}{12} + \dfrac{6}{12} = \dfrac{10}{12}$

10. $\dfrac{2}{12} + \dfrac{7}{12} = \dfrac{9}{12}$

25

1. $\frac{4}{8} + \frac{2}{8} = \frac{6}{8}$
2. $\frac{3}{6} + \frac{2}{6} = \frac{5}{6}$
3. $\frac{2}{4} + \frac{1}{4} = \frac{3}{4}$
4. $\frac{2}{5} + \frac{2}{5} = \frac{4}{5}$
5. $\frac{2}{5} + \frac{1}{5} = \frac{3}{5}$
6. $\frac{1}{8} + \frac{2}{8} = \frac{3}{8}$
7. $\frac{1}{4} + \frac{1}{4} = \frac{2}{4}$
8. $\frac{1}{3} + \frac{1}{3} = \frac{2}{3}$
9. $\frac{6}{10} + \frac{3}{10} = \frac{9}{10}$
10. $\frac{10}{12} + \frac{1}{12} = \frac{11}{12}$

26

1. $\frac{6}{12} + \frac{2}{12} = \frac{8}{12}$
2. $\frac{3}{8} + \frac{3}{8} = \frac{6}{8}$
3. $\frac{2}{4} + \frac{1}{4} = \frac{3}{4}$
4. $\frac{1}{5} + \frac{2}{5} = \frac{3}{5}$
5. $\frac{4}{10} + \frac{2}{10} = \frac{6}{10}$
6. $\frac{2}{5} + \frac{2}{5} = \frac{4}{5}$
7. $\frac{4}{6} + \frac{1}{6} = \frac{5}{6}$
8. $\frac{2}{12} + \frac{5}{12} = \frac{7}{12}$
9. $\frac{1}{4} + \frac{1}{4} = \frac{2}{4}$
10. $\frac{1}{6} + \frac{3}{6} = \frac{4}{6}$

27

1. $\frac{9}{12} + \frac{2}{12} = \frac{11}{12}$
2. $\frac{3}{5} + \frac{1}{5} = \frac{4}{5}$
3. $\frac{1}{6} + \frac{3}{6} = \frac{4}{6}$
4. $\frac{4}{6} + \frac{1}{6} = \frac{5}{6}$
5. $\frac{8}{12} + \frac{1}{12} = \frac{9}{12}$
6. $\frac{5}{12} + \frac{1}{12} = \frac{6}{12}$
7. $\frac{1}{6} + \frac{1}{6} = \frac{2}{6}$
8. $\frac{2}{10} + \frac{3}{10} = \frac{5}{10}$
9. $\frac{2}{8} + \frac{5}{8} = \frac{7}{8}$
10. $\frac{1}{5} + \frac{1}{5} = \frac{2}{5}$

28

1. $\frac{1}{5} + \frac{2}{5} = \frac{3}{5}$
2. $\frac{1}{6} + \frac{2}{6} = \frac{3}{6}$
3. $\frac{5}{12} + \frac{3}{12} = \frac{8}{12}$
4. $\frac{6}{10} + \frac{1}{10} = \frac{7}{10}$
5. $\frac{1}{6} + \frac{3}{6} = \frac{4}{6}$
6. $\frac{3}{12} + \frac{1}{12} = \frac{4}{12}$
7. $\frac{4}{8} + \frac{3}{8} = \frac{7}{8}$
8. $\frac{5}{8} + \frac{1}{8} = \frac{6}{8}$
9. $\frac{1}{4} + \frac{1}{4} = \frac{2}{4}$
10. $\frac{4}{6} + \frac{1}{6} = \frac{5}{6}$

29

1)	1. $\frac{4}{6} + \frac{1}{6} = \frac{5}{6}$
2)	2. $\frac{3}{5} + \frac{1}{5} = \frac{4}{5}$
3)	3. $\frac{6}{8} + \frac{1}{8} = \frac{7}{8}$
4)	4. $\frac{4}{8} + \frac{2}{8} = \frac{6}{8}$
5)	5. $\frac{2}{4} + \frac{1}{4} = \frac{3}{4}$
6)	6. $\frac{1}{5} + \frac{1}{5} = \frac{2}{5}$
7)	7. $\frac{3}{10} + \frac{1}{10} = \frac{4}{10}$
8)	8. $\frac{4}{12} + \frac{6}{12} = \frac{10}{12}$
9)	9. $\frac{1}{4} + \frac{1}{4} = \frac{2}{4}$
10)	10. $\frac{1}{5} + \frac{2}{5} = \frac{3}{5}$

30

1)	1. $\frac{8}{12} + \frac{3}{12} = \frac{11}{12}$
2)	2. $\frac{4}{6} + \frac{1}{6} = \frac{5}{6}$
3)	3. $\frac{5}{12} + \frac{5}{12} = \frac{10}{12}$
4)	4. $\frac{1}{4} + \frac{1}{4} = \frac{2}{4}$
5)	5. $\frac{6}{10} + \frac{3}{10} = \frac{9}{10}$
6)	6. $\frac{2}{5} + \frac{1}{5} = \frac{3}{5}$
7)	7. $\frac{1}{8} + \frac{1}{8} = \frac{2}{8}$
8)	8. $\frac{3}{10} + \frac{5}{10} = \frac{8}{10}$
9)	9. $\frac{2}{10} + \frac{1}{10} = \frac{3}{10}$
10)	10. $\frac{1}{10} + \frac{3}{10} = \frac{4}{10}$

31

1) $\frac{1}{2} \times 7 =$ 2) $\frac{1}{5} \times 2 =$

3) $\frac{1}{3} \times 5 =$ 4) $\frac{1}{2} \times 5 =$

5) $\frac{3}{4} \times 4 =$ 6) $\frac{1}{8} \times 7 =$

7) $\frac{2}{6} \times 3 =$ 8) $\frac{1}{2} \times 5 =$

9) $\frac{1}{2} \times 5 =$ 10) $\frac{1}{3} \times 5 =$

1. $\frac{7}{2}$
2. $\frac{2}{5}$
3. $\frac{5}{3}$
4. $\frac{5}{2}$
5. $\frac{12}{4}$
6. $\frac{21}{8}$
7. $\frac{6}{6}$
8. $\frac{5}{2}$
9. $\frac{5}{2}$
10. $\frac{15}{5}$

32

1) $\frac{1}{4} \times 9 =$ 2) $\frac{1}{4} \times 7 =$

3) $\frac{1}{3} \times 6 =$ 4) $\frac{9}{10} \times 2 =$

5) $\frac{1}{5} \times 4 =$ 6) $\frac{1}{4} \times 8 =$

7) $\frac{1}{2} \times 8 =$ 8) $\frac{3}{4} \times 4 =$

9) $\frac{3}{4} \times 2 =$ 10) $\frac{6}{8} \times 2 =$

1. $\frac{9}{4}$
2. $\frac{7}{4}$
3. $\frac{18}{5}$
4. $\frac{18}{10}$
5. $\frac{4}{5}$
6. $\frac{24}{5}$
7. $\frac{8}{2}$
8. $\frac{8}{4}$
9. $\frac{4}{4}$
10. $\frac{12}{8}$

33

1) $\frac{9}{10} \times 6 =$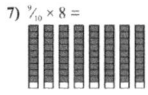

2) $\frac{7}{8} \times 7 =$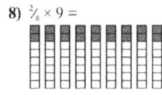

3) $\frac{2}{3} \times 4 =$

4) $\frac{3}{4} \times 5 =$

5) $\frac{2}{3} \times 5 =$

6) $\frac{1}{8} \times 5 =$

7) $\frac{9}{10} \times 8 =$

8) $\frac{2}{8} \times 9 =$

9) $\frac{1}{5} \times 4 =$

10) $\frac{3}{4} \times 7 =$

1. $\dfrac{54}{10}$

2. $\dfrac{49}{8}$

3. $\dfrac{8}{3}$

4. $\dfrac{25}{6}$

5. $\dfrac{10}{3}$

6. $\dfrac{5}{8}$

7. $\dfrac{72}{10}$

8. $\dfrac{18}{8}$

9. $\dfrac{12}{5}$

10. $\dfrac{14}{4}$

34

1) $\frac{2}{3} \times 9 =$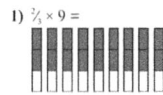

2) $\frac{7}{10} \times 7 =$

3) $\frac{6}{10} \times 2 =$

4) $\frac{2}{3} \times 7 =$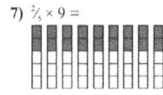

5) $\frac{1}{3} \times 5 =$

6) $\frac{2}{8} \times 7 =$

7) $\frac{2}{5} \times 9 =$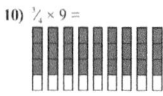

8) $\frac{1}{3} \times 3 =$

9) $\frac{1}{2} \times 5 =$

10) $\frac{1}{4} \times 9 =$

1. $\dfrac{18}{3}$

2. $\dfrac{49}{10}$

3. $\dfrac{12}{10}$

4. $\dfrac{14}{3}$

5. $\dfrac{5}{3}$

6. $\dfrac{14}{8}$

7. $\dfrac{18}{5}$

8. $\dfrac{3}{3}$

9. $\dfrac{5}{2}$

10. $\dfrac{27}{4}$

35

1) $\frac{1}{4} \times 7 =$

2) $\frac{6}{8} \times 9 =$

3) $\frac{1}{8} \times 3 =$

4) $\frac{2}{6} \times 9 =$

5) $\frac{1}{2} \times 9 =$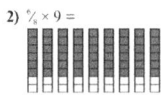

6) $\frac{1}{3} \times 6 =$

7) $\frac{1}{4} \times 3 =$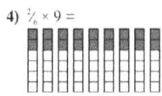

8) $\frac{1}{5} \times 5 =$

9) $\frac{1}{6} \times 4 =$

10) $\frac{1}{2} \times 6 =$

1. $\dfrac{7}{4}$

2. $\dfrac{54}{8}$

3. $\dfrac{21}{8}$

4. $\dfrac{18}{6}$

5. $\dfrac{9}{2}$

6. $\dfrac{6}{3}$

7. $\dfrac{3}{8}$

8. $\dfrac{10}{5}$

9. $\dfrac{20}{6}$

10. $\dfrac{6}{2}$

36

1) $\frac{1}{6} \times 5 =$

2) $\frac{2}{6} \times 8 =$

3) $\frac{5}{6} \times 5 =$

4) $\frac{1}{2} \times 6 =$

5) $\frac{2}{6} \times 9 =$

6) $\frac{2}{3} \times 3 =$

7) $\frac{2}{3} \times 5 =$

8) $\frac{1}{4} \times 3 =$

9) $\frac{5}{10} \times 3 =$

10) $\frac{1}{6} \times 8 =$

1. $\dfrac{25}{6}$

2. $\dfrac{16}{6}$

3. $\dfrac{25}{6}$

4. $\dfrac{6}{2}$

5. $\dfrac{18}{6}$

6. $\dfrac{6}{3}$

7. $\dfrac{10}{3}$

8. $\dfrac{9}{4}$

9. $\dfrac{15}{10}$

10. $\dfrac{24}{6}$

37

1) $\frac{1}{2} \times 4 =$

2) $\frac{1}{4} \times 8 =$

3) $\frac{7}{8} \times 8 =$

4) $\frac{6}{10} \times 5 =$

5) $\frac{2}{3} \times 3 =$

6) $\frac{6}{8} \times 5 =$

7) $\frac{3}{4} \times 4 =$

8) $\frac{1}{3} \times 8 =$

9) $\frac{3}{8} \times 8 =$

10) $\frac{6}{8} \times 7 =$

1. _____ $\frac{4}{2}$
2. _____ $\frac{8}{5}$
3. _____ $\frac{56}{8}$
4. _____ $\frac{30}{10}$
5. _____ $\frac{6}{3}$
6. _____ $\frac{30}{8}$
7. _____ $\frac{20}{8}$
8. _____ $\frac{8}{3}$
9. _____ $\frac{24}{8}$
10. _____ $\frac{42}{8}$

38

1) $\frac{1}{10} \times 9 =$

2) $\frac{3}{10} \times 6 =$

3) $\frac{2}{5} \times 4 =$

4) $\frac{4}{6} \times 8 =$

5) $\frac{3}{4} \times 9 =$

6) $\frac{1}{3} \times 3 =$

7) $\frac{1}{2} \times 7 =$

8) $\frac{3}{10} \times 3 =$

9) $\frac{1}{6} \times 8 =$

10) $\frac{1}{2} \times 5 =$

1. _____ $\frac{9}{10}$
2. _____ $\frac{18}{10}$
3. _____ $\frac{12}{5}$
4. _____ $\frac{32}{6}$
5. _____ $\frac{27}{4}$
6. _____ $\frac{9}{5}$
7. _____ $\frac{7}{3}$
8. _____ $\frac{9}{10}$
9. _____ $\frac{24}{6}$
10. _____ $\frac{5}{2}$

39

1) $\frac{4}{6} \times 9 =$

2) $\frac{2}{10} \times 2 =$

3) $\frac{4}{8} \times 4 =$

4) $\frac{4}{8} \times 4 =$

5) $\frac{1}{2} \times 7 =$

6) $\frac{1}{3} \times 2 =$

7) $\frac{3}{4} \times 6 =$

8) $\frac{2}{3} \times 8 =$

9) $\frac{2}{4} \times 8 =$

10) $\frac{4}{6} \times 6 =$

1. _____ $\frac{36}{6}$
2. _____ $\frac{4}{10}$
3. _____ $\frac{16}{8}$
4. _____ $\frac{16}{8}$
5. _____ $\frac{7}{2}$
6. _____ $\frac{2}{2}$
7. _____ $\frac{12}{4}$
8. _____ $\frac{16}{3}$
9. _____ $\frac{16}{4}$
10. _____ $\frac{24}{6}$

40

1) $\frac{1}{3} \times 3 =$

2) $\frac{2}{8} \times 9 =$

3) $\frac{3}{4} \times 4 =$

4) $\frac{2}{4} \times 3 =$

5) $\frac{2}{3} \times 3 =$

6) $\frac{1}{2} \times 3 =$

7) $\frac{1}{4} \times 7 =$

8) $\frac{3}{4} \times 6 =$

9) $\frac{3}{4} \times 3 =$

10) $\frac{1}{8} \times 5 =$

1. _____ $\frac{3}{5}$
2. _____ $\frac{18}{8}$
3. _____ $\frac{12}{4}$
4. _____ $\frac{6}{4}$
5. _____ $\frac{6}{3}$
6. _____ $\frac{3}{2}$
7. _____ $\frac{7}{6}$
8. _____ $\frac{18}{4}$
9. _____ $\frac{9}{8}$
10. _____ $\frac{25}{8}$

41

1. $\frac{4}{8}$
2. $\frac{2}{8}$
3. $\frac{3}{8}$
4. $\frac{3}{6}$
5. $\frac{1}{3}$
6. $\frac{6}{8}$
7. $\frac{2}{6}$
8. $\frac{1}{4}$
9. $\frac{3}{8}$
10. $\frac{1}{3}$

42

1. $\frac{1}{6}$
2. $\frac{6}{8}$
3. $\frac{3}{6}$
4. $\frac{5}{8}$
5. $\frac{5}{8}$
6. $\frac{1}{3}$
7. $\frac{2}{3}$
8. $\frac{5}{8}$
9. $\frac{3}{6}$
10. $\frac{3}{8}$

43

1. $\frac{2}{6}$
2. $\frac{1}{6}$
3. $\frac{1}{3}$
4. $\frac{3}{4}$
5. $\frac{3}{8}$
6. $\frac{2}{3}$
7. $\frac{1}{2}$
8. $\frac{2}{8}$
9. $\frac{3}{8}$
10. $\frac{3}{6}$

44

1. $\frac{2}{3}$
2. $\frac{1}{2}$
3. $\frac{1}{3}$
4. $\frac{2}{6}$
5. $\frac{2}{3}$
6. $\frac{3}{6}$
7. $\frac{1}{4}$
8. $\frac{1}{2}$
9. $\frac{3}{4}$
10. $\frac{1}{4}$

45

1. $\frac{2}{8}$
2. $\frac{3}{4}$
3. $\frac{2}{3}$
4. $\frac{2}{6}$
5. $\frac{3}{6}$
6. $\frac{5}{8}$
7. $\frac{1}{6}$
8. $\frac{2}{3}$
9. $\frac{1}{6}$
10. $\frac{5}{8}$

46

1. $\frac{2}{4}$
2. $\frac{5}{8}$
3. $\frac{2}{8}$
4. $\frac{3}{4}$
5. $\frac{3}{8}$
6. $\frac{2}{3}$
7. $\frac{4}{8}$
8. $\frac{4}{8}$
9. $\frac{2}{6}$
10. $\frac{1}{6}$

47

1. $\frac{3}{8}$
2. $\frac{2}{4}$
3. $\frac{1}{4}$
4. $\frac{3}{8}$
5. $\frac{1}{6}$
6. $\frac{3}{4}$
7. $\frac{3}{8}$
8. $\frac{3}{8}$
9. $\frac{3}{6}$
10. $\frac{1}{3}$

48

1. $\frac{3}{4}$
2. $\frac{3}{8}$
3. $\frac{3}{8}$
4. $\frac{2}{6}$
5. $\frac{2}{4}$
6. $\frac{2}{6}$
7. $\frac{3}{6}$
8. $\frac{1}{3}$
9. $\frac{4}{8}$
10. $\frac{2}{3}$

49

1. $\frac{5}{8}$
2. $\frac{1}{2}$
3. $\frac{6}{8}$
4. $\frac{6}{8}$
5. $\frac{1}{3}$
6. $\frac{1}{6}$
7. $\frac{3}{4}$
8. $\frac{1}{2}$
9. $\frac{2}{3}$
10. $\frac{5}{8}$

50

1. $\frac{5}{8}$
2. $\frac{3}{8}$
3. $\frac{5}{8}$
4. $\frac{2}{4}$
5. $\frac{3}{4}$
6. $\frac{2}{3}$
7. $\frac{3}{8}$
8. $\frac{2}{3}$
9. $\frac{4}{6}$
10. $\frac{1}{4}$

51

1. I
2. A
3. B
4. C
5. F
6. K
7. E
8. G
9. D
10. H
11. J
12. L

52

1. E
2. A
3. I
4. J
5. F
6. D
7. G
8. C
9. B
10. L
11. H
12. K

53

1. D
2. F
3. I
4. K
5. A
6. B
7. L
8. J
9. C
10. H
11. E
12. G

54

1. L
2. A
3. K
4. J
5. B
6. D
7. G
8. C
9. I
10. F
11. E
12. H

55

1. J
2. I
3. A
4. L
5. K
6. H
7. G
8. C
9. D
10. F
11. B
12. E

56

1. C
2. J
3. A
4. G
5. L
6. B
7. F
8. D
9. K
10. I
11. E
12. H

57

1. F
2. I
3. D
4. G
5. J
6. K
7. C
8. L
9. A
10. B
11. E
12. H

58

1. F
2. C
3. A
4. J
5. I
6. H
7. E
8. G
9. B
10. D
11. L
12. K

59

1. B
2. D
3. K
4. J
5. C
6. F
7. E
8. I
9. H
10. G
11. L
12. A

60

1. B
2. H
3. C
4. G
5. I
6. E
7. L
8. F
9. J
10. D
11. A
12. K

www.ingramcontent.com/pod-product-compliance
Lightning Source LLC
LaVergne TN
LVHW081335060426
835513LV00014B/1304